La confiance en soi

La vie de famille

DES REPÈRES POUR VIVRE AVEC VOS ENFANTS DE 0 À 7 ANS

Collection dirigée par
Sybil Clerc

L'appétit, Sylviane Bonnot-Matheron
La jalousie, Danielle Dalloz
Le mensonge, Danielle Dalloz
La mort, Marie-Hélène Encrevé-Lambert
La propreté, Emmanuelle Rigon
Le désordre, Emmanuelle Rigon
L'autorité, Catherine Saladin-Grizivatz

ISBN 2.227.13950.1

3, rue Bayard, 75008 Paris

MARIE-BERNARD CHICAUD

La confiance en soi

Bayard Éditions

Sommaire

Introduction

« ... Manque de confiance en soi » : tel est le commentaire bien lapidaire par lequel nombre d'enseignants résument leur appréciation sur tel ou tel de leurs élèves. Déconcertés, les jeunes et leurs parents ne savent pas ce que cela recouvre vraiment ; ils sentent qu'il ne s'agit pas d'un blâme, mais plutôt d'une prédiction de carrière lente, de vie grise, voire d'échecs répétés. L'effet est plus dévastateur encore quand la critique s'adresse à des personnes qui travaillent dans une entreprise ou qui recherchent un emploi : on n'est pas tendre aujourd'hui pour ceux qui ne sont pas *a priori* des « battants ». Ceux qu'on désigne ainsi savent bien qu'ils risquent de ne pas faire partie de la prochaine promotion, voire qu'ils sont en passe d'appartenir aux premières charrettes d'un plan social drastique.

Or, définir la confiance en soi n'est pas chose aisée, loin de là. Il est très rare d'entendre quelqu'un affirmer « j'ai confiance en moi », et que cette affirmation recouvre tous les aspects de sa vie. Quant aux individus qui affichent en toutes circonstances une certitude totale concernant leur valeur personnelle et leurs capacités, on pressent qu'il s'agit de personnes redoutables, dont il y a tout lieu de craindre le caractère tyrannique et insupportable. Pourtant, cette confiance en soi, fuyante, insaisissable, apparaît bel et bien comme un facteur essentiel de réussite. Alors que faut-il en penser ?

Dans ma pratique de psychologue et psychothérapeute, que j'exerce à Paris ou dans le cadre d'une organisation humanitaire, je reçois des enfants de tous âges. Les principaux motifs de consultation, y compris dans des pays très pauvres ou en guerre, sont : les difficultés scolaires, les troubles du comportement et les problèmes de santé physique pour lesquels aucune cause directement liée à une atteinte somatique n'a pu être mise en évidence. La plupart du temps, ces enfants, une fois nouée la relation avec moi, me disent : « Je viens parce que je suis nul », « Je viens parce que je fais plein de bêtises ». Les tout-petits, ceux qui parlent peu et qui restent cachés contre leur mère, expriment les mêmes inquiétudes à leur manière : si on leur propose un jeu, ils s'y prêtent d'une façon timide, effacée, avec des gestes empruntés, comme si l'environnement les brûlait ; ou alors ils mettent en scène un jeu punitif, frappent la poupée ou font disparaître les objets dans un coin noir. Parfois, leurs parents me disent : « Il n'a pas confiance en lui, n'est-ce pas ? » Ils ont raison, bien sûr ! Cependant, ce sont là des termes d'adultes que n'utilisent pas les enfants, sauf ceux qui se font l'écho des grandes personnes. Eux diront plutôt : « je suis timide », « je sais », « je ne sais pas », « je suis capable », « je peux ».

Quand on évoque le manque de confiance en soi, l'image qui vient est celle de l'enfant qui reste dans un coin de la cour de récréation, qui n'ose pas grimper sur le toboggan, qui pleure, tremble ou pâlit quand le maître, ou la maîtresse, « crie ». On voit aussi ces enfants, calmes mais parfois pleurnicheurs, tourner une boucle de cheveux entre leurs doigts, et/ou se blottir contre l'adulte, sucer leur pouce, se cramponner jusqu'au CP à leur « doudou » qu'ils cachent pourtant. D'autres peuvent donner une fausse impression de confiance en eux : l'enfant trop docile ou le très bon élève, taxé parfois de « fayot », qui colle à tout ce que dit l'adulte ; celui qui affiche une assurance tremblante en disant « facile » alors même qu'il est terrifié, l'« enfant-souris » qui se fait oublier, qui se cache.

En fait, il n'existe pas de portrait-robot de l'enfant qui n'a pas confiance en lui, pas même dans les contes qui, pour la plupart d'entre eux, présentent leurs personnages, de manière parfois caricaturale, comme des héros débordant de courage et de débrouillardise. Certains, comme Harry Potter, semblent au départ hésitants, gênés (Harry Potter a des lunettes, une cicatrice et une famille qui le dénigre), mais ils ont tôt fait de se révéler à eux-mêmes et aux autres.

La réalité est évidemment plus compliquée ; les adultes sentent bien qu'il est nécessaire d'aider l'enfant à s'autonomiser, à s'exprimer, à prendre des initiatives, à gérer ses hontes et ses peurs. Aujourd'hui, éducateurs et parents cherchent à agir dans ce sens...

Mais il est très difficile, même pour un adulte attentif, de sentir ce que l'on peut demander à chaque enfant sans être trop ou trop peu exigeant. Certains enfants pourront, par exemple, affronter la piscine malgré leur peur de l'eau, ou accepter de monter sur la scène du théâtre pour la fête de fin d'année. D'autres n'y parviendront pas ou ne le feront qu'au bout d'un temps bien plus long. Tous auront-ils vaincu leurs peurs ou leurs angoisses ? Rien n'est moins sûr et s'y ajoutera peut-être une peur de l'adulte, trop ou pas assez insistant dans ses demandes.

Sébastien, trente ans, a bien réussi dans la vie ; il est cadre commercial dans une grande entreprise et paraît très à l'aise dans ses relations avec les autres et dans le sport. Pourtant, il décide d'entreprendre une thérapie car il se sent au fond très peu sûr de lui. Il évoque une scène qui le rend encore très malheureux : « À ma sortie de grande maternelle, une représentation théâtrale a été donnée pour les parents. À l'époque, j'étais si timide qu'on ne m'entendait pas quand je parlais, alors, on m'a fait un costume de champignon ; je suis resté tout le temps sur la scène sans bouger, les autres dansaient autour de moi et me donnaient des coups de pied... Le pire, c'est qu'après on m'a photographié ; mes grands-parents riaient en regardant la photo et je me sentais humilié. Je revis cela quand je dois aller faire une démarche importante et je me sens bloqué. Bien sûr je peux dominer cette honte, mais je doute profondément de moi. »

Les sources de la confiance ou de la non-confiance plongent au plus profond de la personne, au cœur de la relation que l'on établit avec soi-même. À cette relation qui se construit peu à peu, Freud a donné le nom de narcissisme : l'amour que l'on se porte à soi-même. À tort, on donne souvent un sens péjoratif à ce terme. Sans amour de soi, il est impossible de se construire harmonieusement et d'établir des relations satisfaisantes avec autrui. C'est l'exagération du narcissisme qui est dommageable. Apprendre à s'aimer soi-même est une tâche longue, difficile, qui commence dès les premiers jours de la vie et sans doute bien avant, dans le désir et l'attente des parents. C'est pourquoi la bonne volonté ou la volonté tout court ne suffisent pas lorsqu'il s'agit d'avoir confiance en soi.

En revanche, la trop grande confiance en soi peut ne pas être constructive : nul, pas même l'enfant tout petit, pas même les parents, n'est tout-puissant. La découverte des limites des capacités humaines et de ses propres limites est une des conquêtes de l'enfant... conquête oubliée au quotidien par bien des adultes. On invite souvent les enfants comme les adultes à « se dépasser » – aujourd'hui, les adolescents disent « s'éclater » – quand ils évoquent le plaisir, la fête, et même parfois le travail. Si chacun peut trouver en soi des ressources insoupçonnées dans certains cas, chacun et chaque enfant en particulier rencontre un beau jour l'impuissance et l'échec ; il perd ainsi cette illusion sans cesse renaissante de la toute-puissance, expérience douloureuse, mais absolument nécessaire puisqu'elle signe l'entrée dans la réalité.

Les parents, les éducateurs, de même que les thérapeutes, se trouvent ainsi confrontés à une question essentielle : comment aider l'enfant dans cet apprentissage de l'harmonie et de l'accord avec soi-même et avec les autres ? Tous savent que cela commence très tôt, dès la petite enfance. Ils perçoivent les aléas, les incertitudes, les questions posées par ce mystère de la confiance en soi qui renvoie au cœur de la personnalité même. Il n'existe donc pas de « programme » d'éducation ou de soins dans ce domaine, mais un cheminement dans la connaissance et la relation avec soi-même, avec le monde et les autres.

1

Quelques enfants d'aujourd'hui

Ils sont nombreux, ces enfants d'aujourd'hui au sujet desquels parents, enseignants, éducateurs s'inquiètent. À première vue, rien ne les distingue des autres, ou si peu de chose : on ne les remarque pas, ou à peine, dans une cour de récréation. Pourtant, on pressent que, si on ne les aide pas d'une façon ou d'une autre, ils peuvent demeurer en souffrance ou en échec scolaire. Ils sont en quelque sorte « différents » et, de ce fait, fragilisés.

Ronald, second en tout

Ronald, six ans, est le deuxième enfant d'une fratrie de quatre. Jules, l'aîné, est âgé de huit ans, puis vient Ronald et ensuite Antoine, trois ans et demi. La petite sœur, Domitille, a dix-huit mois. Ronald est entré en septembre en CP. Il travaille très bien, mais la maîtresse le trouve trop sage, trop perfectionniste. Il n'ose jamais prendre la parole, il pâlit si on l'interroge, il pleure silencieusement quand son dessin ne lui paraît pas bien fait, parfois il refuse d'accomplir les exercices demandés de peur de se tromper. À la récréation, il est gauche, joue peu, se mêle rarement aux autres enfants. Il court moins vite que les autres ; c'est lui qu'on attaque dans les jeux. À la maison, il est l'ombre de son frère Jules et même parfois d'Antoine qui l'envoient en éclaireur pour les missions hasardeuses auprès de leurs parents. Quand Jules invite ses copains, il reste à l'écart, paraît terrifié.

Les parents exercent tous deux une profession libérale ; mais, même très occupés, ils passent chaque soir un long moment avec les enfants, et ils leur consacrent leurs week-ends. Ils ont tenté d'emmener Ronald au club omnisports, mais il a beaucoup pleuré et n'a plus voulu y retourner. Ils ont alors essayé la musique, qui semblait le fasciner. Il n'a pas aimé le solfège mais il a tout de suite su lire les notes et il a une excellente oreille musicale. Le jour où on lui a permis de jouer du piano, il s'est totalement plongé dans le monde de la musique que Jules, passionné par le sport, n'apprécie que moyennement. Enfin, Ronald n'était plus le « second » ! Depuis, il est détendu, plus heureux. Il commence à refuser de se plier aux ordres de ses frères ou de ses copains. Ses parents ont eu l'idée d'inviter sa maîtresse à un concert où il a joué un morceau. Depuis que celle-ci a admiré le jeu de son élève, il pleure moins en classe et ose parfois répondre aux questions posées.

Ronald a des difficultés pour trouver sa place dans la fratrie et il juge son frère aîné supérieur en tout. Les parents, très occupés mais aussi très attentifs, ont perçu sa souffrance et son sentiment d'infériorité. Ils ont su trouver, même si ce n'était pas évident, une activité qu'il aime, qui le valorise et dans laquelle il excelle. La découverte de la musique a ouvert un monde à ce petit garçon sensible. Être capable de jouer d'un instrument, malgré les difficultés de l'apprentissage, lui a révélé qu'il peut par lui-même créer ce monde ; il a ainsi pu faire l'expérience de ses possibilités et de sa valeur.

Carl, le rouquin

Les parents de Carl, huit ans, l'un et l'autre universitaires et travaillant beaucoup, ont décidé de n'avoir qu'un enfant pour lui donner tout ce dont il aurait besoin « pour son plein épanouissement ».

Carl est un très bel enfant, blond vénitien. Les membres et les amis de la famille admirent ses cheveux de flamme. Hélas, il n'en est pas de même dans son école, pourtant très cotée au plan intellectuel comme au plan social. « Je n'ai pas d'amis parce que je suis roux ; on m'appelle "le rouquin"; on me dit que "les rouquins sentent mauvais et ne comprennent rien", que "c'est le diable qui roussit les cheveux" ; dans les bagarres, on m'attrape par les cheveux et on les arrache en disant : "Si on t'en enlève, ça fera ça de roux en moins." »

Carl n'a pas de très bons résultats scolaires et il ne comprend pas pourquoi : « Mes parents m'ont emmené voir un psy ; il m'a dit que j'étais surdoué. Ça veut dire que je devrais toujours avoir tout juste et pourtant je rate encore beaucoup de choses. Mes parents me disent que je n'y arrive pas parce que je ne travaille pas ; moi, ce que je sais, c'est que je ne suis pas comme les autres : rouquin et surdoué, en plus... Je voudrais un chien ; avec lui, je m'entendrais bien ; un chien roux comme moi. Mes parents ne veulent rien savoir, ils me disent qu'il s'ennuierait toute la journée tout seul ; moi, je sais que je m'occuperais bien de lui. Un chien, c'est pas pareil, on peut lui dire tous ses secrets, il ne les répétera pas. Un chien, c'est pas comme les humains.

À l'école, on me demande de prêter ma gomme, mes crayons dorés, même ma trousse et on oublie de me les rendre ; à moi, on ne prête rien ; on me dit que j'ai des baskets Nike, que mes parents sont riches, que je pourrais apporter plus de bonbons ; quand je n'ai plus rien, on ne joue pas avec moi. Un chien, il serait gentil avec moi, même si je ne lui donne rien ; je l'appellerais Pikachu : il serait toujours avec moi. »

Carl est sûrement trop solitaire. Il a absolument besoin d'être reconnu, soutenu et n'a pas encore trouvé comment s'affirmer ; en particulier, il ne sait pas répondre aux critiques des autres, n'ose pas leur dire ce qu'il pense au fond de lui. Du coup, ses camarades de classe, cruels comme on l'est souvent à cet âge car il s'agit de « faire sa place » dans le groupe, trouvent en lui une proie facile. Carl ne comprend pas non plus très bien ce que cela signifie d'être « surdoué » ou « précoce ». Il le vit comme une différence de plus, d'autant que ses résultats scolaires ne lui permettent en rien de sentir la valeur de cette particularité. Il ne s'agit pas, bien entendu, de se prononcer ici sur son orientation scolaire éventuelle. En revanche, on peut entendre son désir d'avoir des amis et un chien, qui, roux comme lui, serait une sorte de double et un confident.

À la croisée des mondes [1], trilogie de livres qui fait rêver actuellement enfants et parents, met en scène des humains qui, tous, sont liés à un « dœmon », leur double, un animal actif, aimant et réconfortant. Cela rejoint tout à fait ce que l'animal familier peut être pour l'enfant. Mais avoir un chien (ou un autre animal plus facile à élever en appartement et qu'on peut emmener en vacances) nécessite chez l'enfant une prise de responsabilité vis-à-vis de ce compagnon. La décision, à discuter en famille, ne doit jamais être prise sur un coup de tête des uns ou des autres, sinon tout le monde souffre, y compris l'animal.

En ce qui concerne Carl, il a eu son chien, un cocker roux qu'il a appelé Pikachu, nom d'un Pokémon sympathique et protecteur. Et il le prend très bien en charge. Ses parents lui ont également trouvé un club d'enfants précoces où il peut faire des activités scientifiques et rencontrer des copains. De ce fait, il s'affirme à l'école et commence même à être invité par les autres.

1. Ph. Pullman, *À la croisée des mondes*, 1. *Les royaumes du Nord* (1998), 2. *La tour des anges* (1998), 3. *Le miroir d'ambre* (2001), Paris, Gallimard-Jeunesse.

Samira, petite princesse

Samira, cinq ans, est en grande maternelle. Elle est la première enfant d'un très jeune couple, ses parents sont tous deux d'origine algérienne. Nés et ayant toujours vécu en France, ils effectuent régulièrement des séjours et des voyages dans le pays d'origine de leurs familles. Samira est une enfant menue, fragile, qui souffre d'affections respiratoires bénignes mais fréquentes, qui inquiètent beaucoup ses parents. Ils ont sans cesse peur pour leur fille, veulent ce qu'il y a de mieux pour elle et l'ont mise dans une école privée catholique où elle est la seule musulmane et la seule aussi d'un milieu modeste. Toujours habillée comme une poupée, elle a de très jolies robes, des jupons de dentelle, alors que les autres enfants sont en jeans et en baskets, souvent de marque ; les autres filles ont parfois des jupes longues de bonne coupe mais pas de robes. La maîtresse et les garçons protègent beaucoup Samira qui s'isole souvent, suce son pouce, tête baissée. Mais les fillettes, très chipies, lui font des remarques : « T'es habillée comme Barbie ; dommage que tu sois brune, tu serais pareille. » Samira pense qu'elles se moquent d'elle, alors qu'elles rêvent des robes virevoltantes de Samira, de ses ballerines dorées, tout ce que leurs mères récusent au nom du bon goût. Samira n'est jamais invitée aux anniversaires des filles et n'ose pas aller chez les garçons qui, eux, l'invitent. Elle déteste tout ce qui attire l'attention sur elle : elle fond en larmes si on lui demande de réciter une poésie, de chanter une chanson, de tenir un rôle dans une pièce de théâtre. Elle reste souvent immobile, pelotonnée dans un coin de la cour de récréation et elle éclate en sanglots si la maîtresse tente de la convaincre de se mêler aux autres. Elle joue peu, mais regarde intensément tout ce qui se passe. Chez elle, elle est très sage, très soigneuse, sauf à certains moments où, pour une mystérieuse raison, elle éclate, fait des colères clastiques [2] qui durent longtemps et qui la laissent épuisée, toussotante et honteuse. Après ces crises, elle dit à ses parents : « Je suis méchante ; les autres font pas ça. » La plupart du temps, elle est « sage comme une image », range à la perfection ses affaires, reprend d'elle-même le soir ce qu'elle a appris dans la journée ; elle voudrait lire, écrire, compter, mais n'est qu'en maternelle. Le soir, elle a du mal à s'endormir ; elle a besoin d'une veilleuse près d'elle ; « j'ai peur du noir », répète-

2. On appelle « colères clastiques » des colères violentes durant lesquelles l'enfant jette et casse des objets.

t-elle. À table, elle mange très peu, picore la nourriture. Ses parents, très inquiets, se demandent si « elle pourra tenir le coup l'an prochain en CP ».

Les parents de Samira se donnent beaucoup de mal, peut-être trop, pour assurer le bonheur de leur fille : ils le font à leur idée, sans doute parce qu'ils sont eux-mêmes timides et peu confiants, marqués par la question de l'origine, de l'immigration liée à leur histoire et à celle de leurs parents. Pour eux, comme pour Samira, une petite fille aimée doit ressembler à une princesse des contes orientaux, une enfant-poupée, sage, belle, charmeuse, capricieuse, qui peut tout faire puisqu'on n'ose pas s'opposer à ses désirs. Il suffirait sans doute d'un dialogue avec les enseignants pour que tout le monde, parents et enfant, prenne confiance et trouve des repères sans pour autant perdre son identité. À l'occasion de l'entrée en CP et grâce à une autre maman qui a rencontré au supermarché la mère de Samira, ce dialogue est en train de se nouer.

Coraline, poupée fragile

Coraline, six ans, vient d'entrer en CP dans la même classe que son jumeau, Pierre. Les parents auraient voulu qu'ils intègrent des classes différentes mais comme ils sont arrivés en cours d'année scolaire dans le quartier, cela n'a pas été possible. À l'école comme à la maison, Pierre protège sans cesse Coraline. Il porte son sac, attaque ceux qui, croit-il, pourraient faire du mal à sa sœur. D'ailleurs, celle-ci profite largement de la situation : elle crie quand un grand s'approche d'elle, même s'il n'affiche pas d'intentions belliqueuses, se met à pleurer en classe si elle ne réussit pas du premier coup l'exercice demandé, tandis que Pierre s'agite, cesse d'être attentif, se déplace pour lui porter un Kleenex ou la consoler. Les deux enfants travaillent bien mais, que ce soit à la maison ou à l'école, Coraline ne fait jamais rien d'elle-même : il faut que Pierre soit à ses côtés ou intervienne. Et, à la maison, il arrive que Pierre se fasse gronder par la faute de sa sœur qui s'est mise à pousser des cris aigus comme elle sait si bien le faire. Ni les parents, ni la maîtresse ne parviennent à traiter avec Coraline seule, Pierre survient toujours au bon moment, il quitte d'ailleurs fort peu sa sœur. Bien qu'ils aient des chambres séparées, ils se retrouvent toujours pour les jeux, les devoirs et de mystérieuses conversations dans un langage qui n'appartient qu'à eux. Coraline est gauchère, fragile, maladroite, alors que Pierre est droitier, fort et adroit. Ni Pierre, ni Coraline n'ont de copains. Ils vivent comme dans une sorte de bulle.

Un jour, Coraline a une grippe accompagnée d'une forte fièvre. Sa mère décide de la garder à la maison et Pierre part pour l'école en renâclant tandis que Coraline pleure. Deux heures plus tard, coup de téléphone de l'école : on demande à la mère des enfants de venir chercher Pierre qui s'est mis à vomir et a l'air très mal en point. Une fois à la maison, il va mieux et la fièvre de Coraline baisse.

Coraline, livrée à elle-même, ne fait rien ; elle tournicote une poupée ou un livre entre ses mains ; elle affirme toujours qu'elle « ne sait pas », qu'elle « ne peut pas ». Les parents, tout comme la maîtresse, sont déconcertés et ne savent pas très bien comment aider les jumeaux.

Il est question de divorce dans le couple des parents, qui précisent : « On ne leur dit encore rien, ce n'est pas définitif. » Mais les jumeaux ont bien entendu et, comme ils ont très peur de cette séparation, ils fabriquent des plans pour tenter de l'empêcher.

Il est très fréquent qu'existent, chez les jumeaux, en même temps qu'une grande fierté de leur situation et une grande complicité, un dominant et un dominé. Pourtant, les choses sont rarement aussi simples, le dominé étant souvent en cachette l'initiateur des bêtises, de la révolte, et le meilleur élève. Il est fréquent aussi qu'ils tombent malades en même temps sans que l'on sache très bien pourquoi. En ce qui concerne Coraline et Pierre, il serait sûrement utile que les parents fassent la clarté sur la situation de leur couple et rassurent les enfants sur l'amour que chacun des parents leur porte, sur le fait aussi qu'ils resteront les enfants de ce couple-là, et qu'aucun des deux parents ne les abandonnera.

Pierre et Coraline ont de grandes difficultés d'identification ; ils ne sont pas encore vraiment séparés, ne savent pas très bien qui est qui, et cela d'autant plus qu'ils ont resserré leurs liens en raison des difficultés du couple des parents. Parler à chacun de son identité, sans les comparer l'un à l'autre, serait sûrement une grande aide pour eux. C'est difficile, cependant, même pour les parents car, dès que l'on veut marquer une différence, on a tendance à comparer et c'est toujours entendu comme « en faveur de l'un ou de l'autre ». Il s'agit simplement de marquer ce qui n'est pas pareil, ce qui appartient à l'un ou à l'autre.

Louis, le grand malade

Louis, second d'une fratrie de deux, et actuellement âgé de cinq ans, a été jusqu'à l'âge de trois ans un petit garçon « sans problèmes ». Il était aussi grand que sa sœur, Alice, de deux ans plus âgée ; il avait marché et parlé tôt, se montrait autonome et débrouillard. L'été de ses trois ans, après quinze jours de joyeuses vacances au bord de la mer, il a eu mal à la gorge, est devenu grognon, fiévreux. Malgré les antibiotiques, le mal de gorge et la fièvre ont persisté. Et c'est pendant ces vacances-là, au bord de la mer, que la famille a connu le diagnostic : Louis souffrait d'une leucémie. Le retour à Paris, l'hospitalisation, les examens et les chimiothérapies ont été vécus par tous comme une catastrophe, mais le traitement s'est avéré très efficace malgré ses lourds effets secondaires : la fatigue, les nausées, la chute des cheveux, le changement physique. Louis est devenu un petit garçon aux joues gonflées, aux yeux un peu saillants, mais il peut retourner à l'école et mener une vie normale en dépit des consultations fréquentes.

Pourtant, le plus grand changement en Louis est psychologique : il est devenu timide, ne veut plus jouer qu'à des jeux calmes ; il a peur du ballon, des coups. En effet, durant sa maladie, on a craint pour lui des hémorragies et on lui a conseillé de faire attention à ne pas se cogner ou se blesser. Malgré les explications du médecin, de ses parents, il a peur. Parfois, certains enfants qui ne comprennent pas bien rient de sa fragilité. En grande maternelle, Louis se ferme et refuse certaines des tâches proposées : tout ce qui touche à l'expression corporelle (théâtre, mime), au sport en particulier. Il se fait aider pour s'habiller alors qu'il était parfaitement capable de le faire un an plus tôt. À la maison, il sollicite sans cesse l'attention et la présence de ses parents et de sa sœur, qui s'est mise en quelque sorte à son service et reçoit très mal les observations des parents à ce sujet. Certains jours, il demande qu'on le fasse manger. Il mouille son lit de temps en temps et essaie de le cacher, refuse qu'on en parle. Il ne veut pas prêter ses jouets à sa sœur et s'oppose à ce que des camarades de classe viennent jouer à la maison. Une fois, pourtant, ses parents ont organisé un goûter auquel était invité son meilleur ami d'avant sa maladie. Mais Louis est allé se réfugier dans son lit. Sa mère est venue le voir et l'a trouvé blotti contre le mur. Il s'est mis à pleurer en disant : « Je suis malade, je suis laid, on va se moquer de moi. » Il a fini tout de même par venir partager un gâteau avec les enfants invités mais il a mordu cruellement l'un d'entre eux qui lui a dit : « Ce n'est pas vrai, tu n'es pas malade puisque tu viens à l'école ; tu as peur, c'est tout, moi je n'ai jamais peur. »

Louis a dû affronter, très tôt dans sa vie, l'épreuve d'une maladie grave, épreuve durant laquelle il a subi des traitements cruels imposés par les adultes. Ses parents eux-mêmes étaient impuissants à le protéger contre l'angoisse, la maladie, la douleur. Les autres enfants n'ont pas subi cela, n'imaginent même pas ce que cela peut être.

Louis est un enfant dynamique et très vivant. Et sa révolte en est la preuve ; contrairement à ce que l'on pourrait penser, elle marque sa volonté de vivre et sa santé psychique. Il en veut à tous de ce qui s'est passé ; il trouve cela injuste même s'il pense parfois qu'il pourrait bien avoir fait une grosse bêtise et que sa maladie en serait la punition. Mais il sait bien au fond que cela n'est pas vrai. Il a perdu confiance dans les autres, y compris ses parents dont il sent bien pourtant la souffrance, dans ses maîtres aussi, du fait de l'impuissance de tous. Louis a fait très tôt, trop tôt, l'apprentissage de la réalité. Mais il va pouvoir peu à peu retrouver une nouvelle confiance dans ses proches, dans les autres enfants, et même dans les événements de la vie. On ne lui a jamais menti à propos de sa maladie et c'est là une source de force pour lui. En revanche, on ignore trop souvent que le retour à la santé après une maladie grave, surtout pour un jeune enfant, est très difficile : Louis va cesser d'être un enfant-roi. À peine remis de ses difficultés physiques, il va trouver les contraintes du quotidien, les obligations de tous les jours – se laver, se nourrir –, le poids des autres et des lois de l'éducation. Ses parents ont dû, par exemple, sanctionner la morsure qu'il a fait subir à son copain.

L'énurésie – le fait de faire pipi au lit – n'est pas un symptôme grave, surtout à l'âge de Louis. Comme ses autres difficultés, elle est le signe que durant sa maladie il s'est rassuré en régressant, en se faisant imaginairement tout petit. Guérir, c'est obligatoirement grandir. Louis va avoir besoin d'être réconforté, rassuré. Le meilleur moyen pour lui de retrouver la confiance en lui sera précisément d'assumer victorieusement et fièrement les responsabilités de son enfance.

Lysiane, petite fille modèle

À quatre ans et demi, Lysiane suscite l'admiration des mères de ses compagnes. Elle est l'aînée de deux enfants : Brian, son petit frère, est âgé de six mois. Lysiane a déjà une beauté de jeune fille, ses longs cheveux dorés tombent en voile lisse sur ses épaules ou sont relevés en chignon serré les jours de danse, car elle fait de la danse classique, et sa famille, sa maîtresse, toutes les grandes personnes qui la connaissent, lui prédisent un avenir de danseuse étoile. À la maison, à l'école, elle semble toujours faire exactement ce qu'il faut. Ses attitudes, ses gestes extrêmement gracieux séduisent les adultes. Les fillettes de son âge essaient de l'imiter mais lui parlent peu, jouent peu avec elle car elle essaie sans cesse de les dominer : elle demande qu'on lui apporte des objets, qu'on lui prête ce dont elle a besoin. Elle raconte très volontiers ses exploits et ses succès de jeune ballerine. Mais elle refuse énergiquement nombre de choses dès lors qu'elle n'est pas assurée du plein succès. Elle veut être la première. Toute erreur même minime, toute tâche non accomplie parfaitement, la bouleversent. Alors, elle crie, s'agite, et la petite fée aux cheveux d'or se transforme en furie griffante, mordante. À la maison, elle joue pendant des heures, seule devant un miroir, à imiter danseuses et chanteuses. Elle reste très à distance du petit Brian et dit à sa mère : « Tu vois comme il a du mal à prendre ses jouets, et puis, il ne tient même pas assis ; il ne saura jamais danser. » Brian, lui, gazouille et rit aux éclats quand il voit sa grande sœur, qui répond en lui tirant la langue ou en faisant des grimaces. À de rares moments, elle l'embrasse et le câline. Lysiane refuse que sa mère invite ses petites amies pour son anniversaire ou pour un goûter. Elle ne veut pas non plus aller chez ses amies et pleure, « elles vont se moquer de moi », dit-elle. En revanche, quand elle doit monter sur scène pour un spectacle de danse, elle est très sûre d'elle-même et demande ensuite aux grandes personnes si elles l'ont bien vue.

Les parents de Lysiane sont créateurs de bijoux de grande valeur. Elle est sensible à l'harmonie de l'appartement dans lequel elle vit, au charme de sa chambre. Elle se sent mal à l'aise hors de son univers et hors de ce cadre qui ne ressemble à aucun autre. Même si elle semble la plupart du temps déborder de confiance en elle, au fond, on sent bien qu'il n'en est rien.

La venue d'un petit frère a fait éclater la bulle qui constituait le monde de Lysiane, petite fille-fée. Elle a perdu ses marques, se sent menacée dans l'amour que lui portent ses parents par cet intrus si différent d'elle. L'artiste qu'elle est a été captive de l'admiration qu'elle suscite ; elle a été toute-puissante, prisonnière de son image dans le miroir. Lysiane traverse une période difficile, mais très constructive pour elle : elle découvre peu à peu qu'elle n'est pas réduite à la danse, que sa vie est bien plus riche, et qu'au fond c'est bien d'avoir un petit frère. Ses parents la soutiennent beaucoup. Ils l'ont beaucoup aidée en regardant avec elle son livre de bébé : elle y a retrouvé ce qu'elle a été et la certitude que ses parents l'aiment autant qu'ils aiment Brian. Elle perçoit aussi que l'état de bébé nécessite une attention, des soins particuliers, et qu'une enfant plus grande est nécessairement traitée autrement... avec bien des avantages comme le fait de pouvoir demander, décider, choisir, dans une certaine mesure.

Des enfants pris dans le regard des autres

Ronald, Carl, Samira, Coraline, Louis et Lysiane présentent, sous des formes ou à des degrés divers, un manque de confiance en eux. On pourrait évoquer le fait que chacun, dans sa biographie, est inscrit dans une « différence » qui peut être facteur d'angoisse, une sorte de « marqueur » pour la famille et pour les pairs.

Pourtant, lier systématiquement différence et manque de confiance en soi semble bien réducteur. On peut trouver dans toute biographie d'enfant ou d'adulte une particularité qui suscitera chez les autres des réactions jalouses ou « racistes » au sens large du terme : la catégorie sociale à laquelle on appartient, l'aspect physique, la santé, l'histoire et la vie familiales, le mode de rapport aux autres, à soi, à la connaissance, tout cela qui constitue les linéaments de l'identité peut être source de critiques, de railleries, de mal-être, d'incompréhensions... Mais aucun de ces traits ne permet, à lui seul, d'expliquer le manque de confiance en soi. D'autres enfants, présentant dans leur biographie des caractéristiques proches de celles des cas évoqués, peuvent les vivre tout autrement : certains enfants, par exemple, sont très fiers d'être roux ; d'autres, musulmans, s'intègrent très vite et parfaitement dans une école catholique ; de jeunes leucémiques deviennent de remarquables alpinistes ; il existe des jumeaux qui se révèlent excellents chefs de bande et donc refusent la « bulle » et le repli sur eux. Le divorce ou les tensions dans le couple, pour douloureux qu'ils soient, ne plongent pas forcément les enfants dans la peur des autres, d'autant que nombre de leurs camarades vivent une situation identique.

Ronald, Carl, Samira, Coraline, Louis et Lysiane ont tous des difficultés relationnelles avec les enfants de leur âge : Ronald, comme Carl, est souvent une victime toute désignée ; Samira et Coraline se mettent en situation de dépendance ; Louis inquiète et intrigue les autres, ce qui le renvoie à l'angoisse de sa maladie. Aucun de ces enfants ne joue de bon cœur avec les autres. Tous demeurent à une certaine distance du groupe des copains. Pourtant, même victime, Carl ne recule pas devant une bonne bagarre ; Samira, elle, joue les séductrices et atteint parfaitement son objectif. Quant à Lysiane, elle semble vivre dans un monde à elle dont elle est la souveraine, ce qui lui permet de dominer les autres.

Presque tous les enfants évoqués sont des élèves de maternelle et aucun d'entre eux ne refuse l'école ni la connaissance, mais on peut pressentir des difficultés scolaires ultérieures, difficultés que connaît déjà Carl, un peu plus âgé. Quand Ronald n'a pas absolument tout réussi, il s'effondre : il est probable qu'il sera un élève lent, méticuleux, souvent en retard sur l'horaire. Il en sera peut-être de même pour Lysiane, elle aussi très perfectionniste. Coraline fuit l'expression personnelle et cela barrera peut-être son entrée dans l'autonomie de la pensée. La peur panique de Louis vis-à-vis de tout ce qui lui semble être un risque se transposera peut-être dans le domaine des apprentissages de base.

Tous ces enfants présentent des difficultés émotionnelles à type d'inhibition, mais certains, comme Lysiane, donnent le change. La fillette semble très sûre d'elle quand elle raconte ses exploits, mais sa terreur de l'échec montre bien que, comme les autres enfants dont nous venons de parler, elle est dominée par la peur. Tous craignent le regard de l'autre, le jugement de l'autre, les moqueries éventuelles, voire la violence. Tous ces enfants ont un milieu familial chaleureux, même si certains parents sont inquiets, d'autres très occupés. Un seul des couples parentaux est au seuil du divorce, et n'ose en parler, mais ce couple est attentif et proche de ce que peuvent ressentir ses enfants, prêt à remettre en question l'attitude adoptée jusqu'alors. Ainsi, à l'exception de Louis, frappé par une très grave maladie, et des jumeaux, aucun n'a connu dans sa vie ces « problèmes » familiaux ou personnels qui sont considérés habituellement comme la cause ordinaire des troubles psychologiques de l'enfance.

Mais, aujourd'hui, ce qui est perçu comme une différence est très difficile à supporter, même pour des enfants très jeunes. Jamais, en effet, on ne s'est autant préoccupé de la petite enfance, jamais sans doute n'a-t-on autant cherché à bien faire pour donner toutes les chances aux enfants. La très grande attention portée sur la relation parents-enfants amène nombre de parents à se sentir culpabilisés, jugés parce que leurs enfants ne ressemblent pas aux modèles véhiculés par les médias et les bons traités de psychologie. Par ailleurs, ils manquent de repères : le monde dans lequel ils élèvent leurs enfants ne ressemble en rien à celui dans lequel ils ont été élevés. Ils sentent qu'il ne suffit pas d'aimer leurs enfants et qu'il est nécessaire de les aider, même encore tout petits, à se situer dans des réseaux sociaux complexes dont ils ne possèdent pas eux-mêmes les clefs. Ils sont souvent hésitants et pourtant émerveillés en découvrant que leurs enfants deviennent très vite bilingues, manipulent l'ordinateur plus rapidement qu'eux, se débrouillent avec des jeux si compliqués que les adultes s'y perdent : pensons par exemple aux noms et aux pouvoirs des multiples Pokémon [3] et autres Digimon. La cellule familiale est bien loin d'être la seule intervenante aujourd'hui dans le développement et l'éducation.

De tout cela il résulte que beaucoup de parents craignent que leurs enfants ne soient pas heureux, ou ne soient pas « psychologiquement sains » (enfant modèle d'aujourd'hui). De leur côté, bon nombre d'enfants ont peur de ne pas être l'enfant rêvé par leurs parents. Néanmoins, et les exemples cités le montrent, des chemins existent et le regard des autres est souvent moins hostile, moins destructurant qu'on ne pourrait le croire. C'est que la confiance en soi repose en

---

3. Malgré les apparences, bien des enfants de quatre à sept ans sont parfaitement experts en ce domaine.

fait sur une mystérieuse réalité psychologique que l'on oublie souvent et que l'on pourrait appeler l'image de soi : adultes et enfants, nous portons tous en nous une image de nous-mêmes qui ne correspond pas à celle que les autres ont de nous.

Certes, les adultes savent quelque chose d'eux-mêmes ; dans la très grande majorité des cas, après les brumes tourmentées de l'adolescence, chacun perçoit quelque chose de ses limites, de ses possibilités, de ses désirs et de ce que les autres pensent de lui. On sait bien, pourtant, qu'un décalage existe toujours entre ce que l'on vit de soi et ce que les autres en connaissent. Pour les enfants, les choses sont plus compliquées, car ils sont pris dans l'instant, ce qui explique qu'une punition, une mauvaise note, une gronderie peuvent prendre pour eux des allures de catastrophe vitale. Par ailleurs, tous les parents ont rêvé leur enfant, continuent à le rêver quand il est petit, mais aucun enfant ne correspond vraiment à ce rêve parental, du fait qu'il est lui-même, avec sa densité et sa personnalité encore fragile. La conscience du décalage peut être d'autant plus perturbante que la société propose aujourd'hui nombre de modèles : à l'« enfant sage » de jadis, correspond l'image de l'enfant « psychologiquement sain », récompense des parents « qui font ce qu'il faut », tout comme le disent les psychologues, les pédopsychiatres, les livres ou les journaux spécialisés (tel cet ouvrage par exemple !). Mais, ni la personnalité, ni la santé, ni la bonne image de soi et même la confiance en soi ne sont la résultante de comportements parentaux et sociaux. Quand des parents disent : « Il est triste et pourtant on fait tout ce qu'il faut », ils souffrent et sont déconcertés, peut-être parce qu'on ne rappelle pas suffisamment que chacun est soi-même. Cependant, il est possible de soutenir et d'aider ces enfants ; ils sont en difficulté parce que l'image qu'ils ont d'eux-mêmes est fragile, insatisfaisante à leurs propres yeux.

Tous les enfants dont nous avons brièvement évoqué l'histoire connaissent des moments de dépression ; la dépression chez l'enfant prend un caractère très différent de ce qu'elle est chez l'adulte : elle peut se traduire par une hyperactivité ou un repli sur soi, une agitation, des colères, une peur, qui surprennent tout le monde. Mais il leur est aussi possible de se construire de façon harmonieuse, même après ces premières difficultés. C'est ce que Boris Cyrulnik a bien montré en mettant en lumière les possibilités de résilience des enfants. Un des héros de la littérature enfantine d'aujourd'hui, Harry Potter [4], illustre remarquablement ce concept : ce petit garçon menu, qui a des lunettes, une cicatrice, qui est orphelin et recueilli par une famille non aimante, devient le héros d'aventures merveilleuses et terribles au travers desquelles, malgré sa peur et sa fragilité, il s'affirmera et se construira.

Comment naît donc cette confiance en soi, mystérieuse et fragile, et pourtant si nécessaire ? C'est ce que nous allons tenter maintenant de découvrir...

4. J. K. Rowling, *Harry Potter à l'école des sorciers*, Paris, Gallimard, 1998.

2

Comment naît la confiance en soi ?

« Bien élever son enfant »... Sans doute parce que le bébé naît immature, fragile, étonnant, les jeunes mères de tous les temps et de tous les pays n'ont jamais été privées de conseils dans ce domaine. Leur propre mère, les voisines, les amies, les légendes et les contes, aujourd'hui les journaux spécialisés ou non, les livres, les médias et les « psy » de tous ordres s'en donnent à cœur joie à ce sujet. Nous sommes fascinés de porter tous en nous ce mystère, le secret des premiers temps de notre vie, présent au fond de nous, mais oublié et pourtant déterminant pour notre histoire et notre personnalité.

C'est pourquoi on se demande d'où vient cette confiance en sa propre existence et donc en soi, confiance qui naît par étapes, souvent discrètes, inaperçues de tous, même du sujet en croissance, mais essentielles. En chacune d'elles, on peut retrouver, assourdis, les échos d'histoires aujourd'hui illustrées par des films dont le succès prouve bien qu'ils font sens pour tous.

On peut évoquer, parmi les plus importantes de ces étapes : le stade du miroir, le « non » de l'enfant, la toute-puissance, la découverte de l'autre, l'intégration des interdits et la culpabilité.

Enfant, où es-tu, où te sens-tu ?

« Miroir, mon beau miroir... »

Si la méchante belle-mère de Blanche-Neige interroge son miroir, c'est qu'elle n'a pas confiance en elle ; la suite de son aventure va le prouver. Mais à l'âge de trois ans, et même avant, il est vital d'interroger le miroir.

Dans la salle de bains, Mina, trois ans, joue avec Lise, un an, tandis que leur mère prépare le bain. Mina et Lise sont nues et s'admirent réciproquement. Lise va voir derrière le miroir ce qui se passe, Mina se moque : « T'es bête, on est là, pas là-bas. » Lise revient et Mina dit : « Regarde, on est pareilles », elle touche la surface du miroir pour montrer ses bouts de seins et son nombril. Lise se détourne, regarde sa sœur, puis se colle contre la glace en riant. À ce moment, la mère vient vers les deux fillettes, apportant les deux peignoirs de bain tout neufs, un blanc pour Lise et un vert pour Mina. Mina s'enroule dans le peignoir et danse devant le miroir en disant « je suis belle, je suis belle », tandis que Lise se blottit dans les bras de sa mère et entreprend un jeu de cache-cache, tantôt la tête dans le cou de sa mère, tantôt les yeux fixés sur la glace ; elle regarde surtout l'image de sa mère et dit en jubilant « maman, maman ».

Tous les parents ont assisté à des scènes à peu près identiques, elles déclenchent un grand plaisir chez eux comme chez les enfants. Les fillettes et les petits garçons sont tout aussi intéressés par le miroir ; il semble que, la plupart du temps, les petits garçons regardent davantage leur sexe que les petites filles ; jusque vers quatre ou cinq ans, frères et sœurs se comparent souvent. Pourtant, l'intérêt essentiel que portent les enfants à leur image est pour leur visage, ce visage qu'ils ne voient pas et que tout le monde voit.

C'est vers huit mois, parfois un peu plus tôt, parfois plus tard, que l'enfant découvre le miroir. Il commence par jubiler, regarder, toucher, se coller à la glace, regarder tout ce qu'il voit dedans. Les parents aiment bien se regarder avec l'enfant, jouer, faire des grimaces, le faire sauter dans leurs bras. Vers un an, quand l'enfant commence à marcher, il décide d'aller voir ce qui se passe derrière le miroir. Il est déçu parce qu'il n'y voit rien et que l'image a disparu. Cette « réaction de détour » existe aussi chez les chats et les chiens, et sans doute chez d'autres animaux. Chez l'enfant, elle disparaît vers dix-huit mois ou deux ans. C'est un moment essentiel, l'enfant a découvert qu'il n'est pas dans le miroir mais qu'il est là où il se sent vivre, exister, et que le miroir lui renvoie seulement une image de lui, comme des autres.

Lise est en train de tenter de percer le mystère quand, dans les bras de sa mère, elle se regarde, regarde sa mère, s'agite. Mina, elle, a parfaitement intégré qui elle est ; elle a vérifié que Lise est une petite fille, tout comme elle ; elle se trouve belle quand elle est vêtue. D'ailleurs Mina et Lise, comme la majorité des petits enfants, n'aiment être nues et vues nues que devant le miroir ou dans la salle de bains. Les bébés et les petits ont des mouvements spontanés de pudeur souvent ignorés des adultes.

Les enfants sont perplexes à propos de cette image, ils s'aperçoivent que certaines parties de leur corps demeurent cachées : « Pourquoi je vois pas derrière moi ? » demande Alexandre, trois ans et demi. Le corps qu'ils ressentent, qu'ils découvrent, qui est eux, est un corps qu'on ne parvient pas à connaître en entier par le regard. De plus, on ne sait pas non plus en quoi il est fait. « La table est en plastique, le chat est en poil, la cuiller en fer, mais moi je suis en quoi ? », demande Charles, trois ans et demi. Sa mère, interloquée, ne sait pas très bien quoi répondre car, au fond, ce n'est pas si simple.

Une autre réalité, invisible dans le miroir et perçue vers trois ans, parfois un peu avant, c'est la pensée. Quand quelqu'un parle, on le voit ou on voit l'appareil d'où sort la voix, mais l'enfant découvre que « ça parle » en lui sans qu'il voie d'où ça vient ni sache comment ça fonctionne.

Ce stade, mis en évidence par Lacan, est essentiel, il s'élabore dans un temps de plaisir pour l'enfant, pour ses parents ; c'est le moment où il découvre son corps avec ses secrets mais aussi sa beauté, et le fait que ce corps plaît. C'est donc un moment fondamental pour la connaissance de soi mais aussi pour la confiance en soi : si on est plaisant, si on rend heureux parce que l'on est là, on peut vivre pleinement, bouger, exister.

Miroir, traître miroir...

Certains enfants ont des difficultés avec le miroir. Cela peut se passer au moment même de la découverte de leur image. Les bébés qui présentent un handicap physique jubilent comme les autres quand ils se voient, mais découvrent très vite que les parents ne partagent pas leur allégresse.

Le handicap physique visible, congénital, représente une très grande souffrance pour les parents : l'enfant « rêvé » n'existe plus ; ils ont enfanté un être inconnu qu'il va leur être très difficile de découvrir, voire d'accepter et d'aimer. Les difformités, les malformations ont toujours fait peur, on en connaît mal la cause ; au long des siècles et des cultures, on les a attribuées à des esprits malins, voire au diable, puis à des maladies maudites comme la syphilis, mais avec toujours une note de culpabilisation des parents. Néanmoins, dans le même temps, les légendes et les contes ont montré que les « vilains petits canards » (pour reprendre l'expression d'Andersen et de Boris Cyrulnik) pouvaient devenir des cygnes. Bien souvent, ce sont les enfants eux-mêmes qui aident les parents à traverser l'épreuve.

Quand la mère de Francine a découvert sa grossesse, elle l'a vécue comme une catastrophe ;

elle était âgée de dix-sept ans, en terminale, elle habitait chez ses parents. Elle a dit qu'elle était enceinte seulement au cinquième mois, quand il ne lui a plus été possible de cacher son état. Le père, un garçon de sa classe, a nié qu'il pouvait être le père. Les parents de la jeune femme ont été très compréhensifs, attentifs. Elle a pu réussir son bac. Francine est née en août, elle présentait de graves malformations de la colonne vertébrale, une fente palatine et un petit visage chiffonné et torturé. Toute la famille a beaucoup pleuré. Au début, la mère de Francine s'est déprimée, affirmant qu'elle était punie de son péché, se détournant de sa petite fille. Francine, elle, était un bébé éveillé, calme, qui a souri très tôt. Elle a dû subir de nombreuses interventions chirurgicales mais a toujours été patiente, sereine, très affectueuse avec sa mère qui, peu à peu, a découvert son enfant et s'est attachée à elle.

Aujourd'hui, Francine a six ans, elle garde un corps marqué par une sévère scoliose, une bouche asymétrique, mais c'est une fillette rayonnante, imaginative, très ouverte aux autres. En classe, elle a beaucoup d'amis et, malgré un léger trouble résiduel de la parole, elle invente des jeux, improvise des scènes de théâtre. Sa mère a un ami et Francine a une petite sœur, une beauté blonde devant laquelle on s'extasie, mais on s'extasie aussi devant la gaieté et la gentillesse de Francine.

Certains adultes ont relevé le défi d'un physique laid ou incongru. Sim a joué de toutes les ressources de son allure étrange et a même écrit le livre *Qu'est-ce qu'elle a, ma gueule ?*, sans doute pour exorciser ses difficultés mais aussi pour affirmer une confiance en lui gagnée au long des jours et des expériences.

Parmi les enfants évoqués au premier chapitre, Louis, dans le temps où il a été traité pour sa leucémie, a perdu ses cheveux, s'est transformé physiquement et en a souffert. Néanmoins, il a réussi à s'accepter ainsi et même à être très fier des casquettes américaines offertes par ses parents. Il avait le droit de les garder à l'école et même de mettre la visière en arrière comme les jeunes durs du quartier. Les parents ont compris qu'il pouvait être plaisant et fier malgré son handicap, momentané mais révélateur d'une maladie effrayante. En revanche, Carl vit le fait d'être roux comme une terrible disgrâce.

Les enfants autistes, souvent très beaux, ont toutes les peines du monde à découvrir leur image dans le miroir. Quand ils y parviennent, ils vont beaucoup mieux. Christine, six ans, est une très jolie petite fille qui semble perdue dans un monde étrange. Elle ne dit que quelques mots. Elle pleure dès que l'on change de pièce aussi bien dans sa maison que dans l'institution où elle est scolarisée. Quand elle voit une glace, elle se colle à elle de façon à ce qu'une part seulement de son visage puisse s'y refléter ; elle ne se regarde pas, lèche la surface brillante. Mais, un jour, on ne sait pas pourquoi, un miroir était posé à terre dans une des salles de jeux : Christine s'est mise à genoux, penchée sur la glace, mais est restée à distance, jubilant comme un enfant plus jeune, regardant l'image du plafond, puis la sienne. Les éducatrices ont travaillé avec Christine à partir de miroirs posés à terre, à l'horizontale, puis, progressivement, à la verticale. Un jour, debout devant l'un d'entre eux, elle a pu dire « Christine » et, peu à peu, son état s'est amélioré. En particulier, elle parvient maintenant à se déplacer seule d'une pièce à l'autre, comme si elle percevait qu'elle demeure identique à elle-même en bougeant. Toute première forme d'une confiance qui s'enracine dans une perception de soi à laquelle Christine n'avait pas eu jusqu'alors accès.

Le non

Qui est le plus fort ? On va bien voir...

Jusqu'à ce matin-là, Yann, deux ans et demi, a été le plus facile des petits garçons, souriant la plupart du temps, ayant bon appétit et bon sommeil, affectueux, joueur. À la crèche comme à la maison, Yann est un enfant entouré, câliné, envié. Il est ravi quand sa mère l'emmène faire les courses. Monter dans le caddie est un grand moment de joie et il y a plein de choses à regarder et parfois à se faire offrir au supermarché. Or, ce jour-là, quand sa mère arrive avec le blouson qu'il adore et lui dit « on va faire les courses », Yann répond « non ». La mère est très étonnée, elle ne le dérange pourtant pas puisqu'il ne joue à rien sur la moquette, elle insiste, le « non » de son fils est irrévocable. Heureusement, il peut rester avec son père qui est en congé. Ce matin-là, Yann dira à plusieurs reprises : « Yann est fort. »

Tous les parents ont vécu des aventures de ce genre, parfois très douloureusement : il arrive que l'enfant s'oppose systématiquement, hurle quand il faut absolument qu'il cède. On ne comprend pas toujours ce qui se passe en lui à ce moment-là.

Le moment où l'enfant commence à signifier le « non » est d'ailleurs bien plus précoce que celui où il exprime le « non » catégorique : très tôt, il sait faire le mouvement de tête qui signifie le refus, par exemple au moment des repas quand il n'a plus faim, ou bien pour rire, dans un jeu. Cela peut être aussi un non d'imitation. Vers deux ans et demi ou trois ans, il s'agit la plupart du temps de la volonté de l'enfant lui-même. Il sait qui il est, il a déjà entendu des « non » proférés par ses parents, il va essayer de voir comment ça fonctionne, de percevoir l'efficacité de sa parole.

Il est donc nécessaire que le « non » de l'enfant soit parfois entendu et reconnu, comme a pu le faire la mère de Yann. Mais, si elle avait été seule avec son fils, sans personne pour le garder, il y aurait eu une partie de bras de fer entre Yann et elle.

On parle souvent de caprices à propos du « non » des enfants. Dans cette période délicate, il va découvrir qu'il est une personne agissante, dont la parole et la volonté ont un sens. Aux parents d'aider l'enfant à discerner ce sens sans toujours céder à son opposition farouche, à trouver les domaines dans lesquels le non sera constructif pour lui. Par exemple, Yann, petit garçon modèle, a eu envie ce matin-là de se retrouver « entre hommes forts » avec son père et de prendre un peu de distance par rapport aux occupations maternelles.

Il est évident que, dans bien des cas, le « non » des parents est nécessaire, sans doute doit-il être toujours justifié, au moins brièvement, c'est ce qui se passe en général : « Non, ça te ferait mal », « Non, tu ne peux pas rester tout seul ».

Quand l'enfant sait qu'il peut dire non à certaines choses, à certaines demandes, et être écouté sans qu'on lui cède systématiquement, il se sent sûr de lui et capable de faire des choix. Ces enfants-là font la plupart du temps assez peu de caprices et obéissent aux règles établies pour eux comme pour les autres membres de la famille. Ainsi, Jérémie, six ans, insiste pour qu'on ne joue pas au ballon dans la maison, « on peut casser les vitres », affirme-t-il ; il ne dit pas « maman l'a défendu », comme le feraient des enfants moins sûrs d'eux-mêmes. Jérémie a déjà confiance en lui car il peut lire une situation connue et il perçoit très bien comment réagir.

Sous prétexte d'éducation, il arrive que des parents ne tolèrent aucun « non » de la part de l'enfant. Les parents de Kevin, quatre ans, l'amènent en consultation « parce qu'il ne mange rien ». Kevin est un petit garçon minuscule, visiblement furieux d'être là. « Chez nous, les enfants ne font pas la loi, il n'en est pas question. » « Marine, la sœur de Kevin, qui a sept ans, ne nous a jamais causé de soucis ; elle dit oui à tout, elle. » Kevin, lui, refuse souvent de faire ce qu'on lui demande ou bien le fait passivement, de mauvaise humeur, mais surtout il ne mange rien, à table il dit non à tout. Kevin explique : « Tu donnes une grande assiette, avec trop de choses dedans, il y en a trop. » « Kevin, tu sais que je n'aime pas le gaspillage ; chez nous, on mange de tout et jusqu'au bout. » J'apprends qu'à l'école Kevin donne ses crayons, ses gommes à qui les lui demande. Il ne joue pas beaucoup et il est toujours celui qui a le mauvais rôle dans les jeux.

Un jour, Kevin dit à son père qui semble mécontent du repas : « Papa, toi non plus tu n'aimes pas tout. » Le père a d'abord envie de se fâcher mais il comprend que son fils a raison. Il accepte le fait qu'un enfant peut apprendre à goûter à ce qui lui est présenté mais a le droit de préférer certaines choses ; s'il ne mange pas « de tout », ce n'est pas un drame et, surtout, il peut et sait fort bien mesurer la quantité qu'il veut et peut manger. Plus détendu, Kevin va commencer aussi à oser dire non aux copains agressifs, à oser parler à la maîtresse. De son côté, le père, surpris, découvre que son fils obéit mieux et dit parfois non avec humour. Quand la mère lui demande d'aller chercher son linge pour le mettre dans la machine à laver, il répond « non », la mère insiste et il éclate de rire en disant « je l'ai déjà mis ». Plus important encore pour les parents, son appétit s'améliore et le climat des repas devient plus serein.

Quand l'enfant a pu traverser aussi harmonieusement que possible cette période conflictuelle, il est capable de trouver des repères, des critères d'adaptation à des situations nouvelles. C'est le germe de l'esprit critique, absolument nécessaire pour trier les informations, les demandes, les pressions qui surgissent de toutes parts et cernent déjà les très jeunes enfants. Les discussions et les réflexions autour du « non » et du « oui » se prolongeront en fait toute la vie, mais les racines de la confiance dans le jugement propre et dans la parole se forment très tôt, à l'âge de Yann ou de Kevin.

La toute-puissance

Papa et maman peuvent tout faire

L'enfant, qui a découvert son corps, sa pensée, le sens de sa parole, et qui maîtrise motricité et langage, va traverser, entre quatre et sept ans environ, une étrange période, la période de la toute-puissance infantile.

À cet âge, l'enfant, en général, se sent protégé par les parents, par les personnes qui s'occupent de lui. Il a le sentiment que ses parents peuvent tout faire, il suffit qu'ils le veuillent, et, d'ailleurs, ils le font : « Papa, l'autre jour, il a réparé son auto et mon vélo. »

« Papa et maman, quand ils veulent de l'argent, ils vont vers un mur, ils ont un code magique et tout l'argent qu'ils veulent. » « Si tu me tapes, papa te cassera la gueule, tu vas voir. » Même Louis, qui, avec sa leucémie, a affronté l'impuissance et la détresse de ses parents, affirme à la récréation : « Papa et maman, ils ont su trouver le docteur pour me guérir. » Pauline, terrifiée par l'orage, dit à sa maîtresse de maternelle : « Arrête ça tout de suite. » La maîtresse dit : « Personne ne peut arrêter l'orage », et Pauline d'insister : « Si papa était là, il l'arrêterait. » Le soir, l'orage est passé, et, quand le père de Pauline déclare qu'il n'aurait pas pu faire cesser l'orage, elle insiste : « Si, tu sais arrêter le bruit. » Elle n'a aucune envie de détrôner son père de la puissance qu'elle lui prête, et elle parle alors de bruit et non plus d'orage (son père sait très bien lui dire de ne pas sauter à pieds joints sur le sol ou de ne pas crier à tue-tête dans l'appartement, et elle obéit).

Mais, si les parents sont très forts, très puissants, les enfants voudraient bien posséder leurs pouvoirs ; ils savent désormais qu'ils sont comme l'un des parents, la fille est comme maman, le garçon, comme papa. Ils vont donc faire comme les grands : vers trois ans, on aime bien s'emparer des vêtements et surtout des chaussures de papa ou de maman : on chausse littéralement les souliers d'un autre (d'ailleurs d'où vient l'expression française ?) et on va trouver un moyen de s'emparer de la puissance magique de l'adulte en se créant l'univers du jeu.

L'enfant à l'école des sorciers

Tous les enfants jouent, avec les parties de leur corps, d'abord, les mains en particulier, puis avec les mains, les cheveux, les lunettes de l'adulte.

Très vite, ils se fabriquent des jouets et les manipulent dans un espace qui devient un lieu protégé où tout peut se réaliser. Élise, trois ans, s'est blottie dans un coin et s'est renfermée entre deux chaises, le reste de la pièce est devenu la mer ; elle dit à tous ceux qui s'approchent : « Vous êtes tout mouillés, vous êtes dans la mer. » Guillaume et Florian, quatre et cinq ans, fils de parents passionnés de voyages, ont décidé que leur chambre est l'Australie. Ils rient en déclamant des chiffres et s'exclament : « On compte les kangourous. » Le dessin, le modelage, les constructions complètent cet univers du jeu, univers où se déploient la puissance et la créativité de l'enfant.

La confiance en soi se manifeste dans ce domaine : on y trouve des trésors, on maîtrise, on organise. On peut prendre diverses identités juste au moment où on a découvert les limites de la sienne : on peut être papa, maman, garçon, fille, la maîtresse, le chat, le loup, etc. L'enfant n'est pas dupe, il sait bien que cet univers se dissout en dehors de lui et de ses partenaires, mais il s'est assuré, il a mesuré ses forces. À certains moments de la journée, le « pour de rire » n'a plus droit de cité : il va falloir se séparer des parents qui partent travailler, aller dormir, et faire ce que « les grands » veulent que l'on fasse. Dans certaines familles, les enfants ont beaucoup de mal à faire les allers-retours entre le jeu où ils peuvent tout faire, tout être, et la réalité.

La comtesse de Ségur, dans *Les caprices de Giselle* et *Quel amour d'enfant* [1], fait le portrait d'une petite fille dont tous les désirs sont des ordres parce que les parents, très angoissés, ne

1. Comtesse de Ségur, *Œuvres complètes*, collection Bouquins, tome 1, Paris, Éd. Robert Laffont, 1990.

savent pas comment la faire sortir de son monde. Giselle, à six ans, commande et veut sur l'heure des habits pour sa poupée, un goûter extraordinaire, des promenades, et les parents veulent aussi tout cela pour leur fille au même moment qu'elle. Giselle elle-même en est très inquiète et, dans un moment de crise, elle dit à ses parents : « Parce que j'étais en colère, il ne fallait pas m'écouter. » Dans *Max et les Maximonstres* [2], Max, qui est devenu un loup parce qu'il a revêtu son costume de loup, finit par s'endormir dans le monde de puissance dont il n'a pas voulu sortir malgré les gronderies de sa mère. Au réveil, il retrouve une réalité rassurante avec le léger repas laissé par sa maman qui l'avait envoyé se coucher.

Si l'univers de la toute-puissance, univers du jeu et du rêve, comporte beaucoup de satisfactions et donne confiance aux enfants, une transition entre les deux mondes, celui du jeu et celui de la réalité, s'impose. Il va être nécessaire que pensées, paroles, actions s'harmonisent, que des passerelles existent entre les mondes : la loi parentale, avec ce qu'elle comporte de rassurant et de quotidien, et la découverte de la consistance des autres vont permettre d'approfondir et

2. Maurice Sendak, *Max et les Maximonstres*, Paris, École des loisirs, 1988.

de réaliser cette confiance en soi fondée dans les rêves mais assurance pour toute la vie.

La découverte des autres

Vers des mondes nouveaux

Pour le jeune enfant, l'univers familial représente son être même et pas seulement un cocon (ce qu'il deviendra plus tard). Même s'il distingue de lui-même très vite son père, ses frères et sœurs, puis sa mère, il vit dans une unité complexe qui fait corps avec lui. Pourtant, très vite, l'enfant est socialisé. Il en a toujours été ainsi : dans les sociétés patriarcales, les grands-parents, les oncles et tantes, les voisins intervenaient auprès de lui. Aujourd'hui, il va rencontrer la crèche ou la maison de la nourrice, puis la maternelle. Il va découvrir d'autres visages, d'autres personnalités. Le moment de l'entrée dans ces institutions est difficile pour les parents comme pour l'enfant car cela représente une avancée dans l'inconnu. Ils connaissent peu les professionnels ; malgré les efforts réalisés, les assurances de sécurité mises en place, le cadre et les règlements de ce nouvel univers demeurent un peu mystérieux et inquiétants au départ. C'est une première séparation dont tous sentent bien qu'elle va amener de grandes transformations dans leur vie.

Pourtant cette aventure est essentielle, en effet, la confiance en soi s'élabore dans la confrontation avec les autres : l'enfant va expérimenter qui il est, il va se trouver dans le regard d'autrui. Pour traverser cette épreuve, à partir du moment où il marche, l'enfant emmène son « doudou », heureusement encore toléré en maternelle. C'est un petit morceau de la mère, de la maison, qui demeure avec lui, ce que l'on appelle, savamment, « l'objet transitionnel ».

Protecteurs et/ou empêcheurs de danser en rond

Par la suite, chacun trouve son chemin, parfois joyeusement, parfois avec des larmes.

Quentin, deux ans et demi, a toujours été très protégé en famille, c'est un petit garçon frêle, timide. Aujourd'hui, les enfants jouent dans la cour de la crèche pour la première fois. Quentin est figé devant le toboggan, il regarde les autres, applaudit mais ne bouge pas ; l'éducatrice essaie de l'amener près du toboggan, Quentin hurle, elle le laisse. Arrive alors Ahmed, un grand, très solide, qui prend Quentin par la main, lui montre comment gravir les marches. Quentin accepte, hésite, puis monte et se laisse glisser. Il est ravi, recommence, crie de joie. Au bout d'un moment, il va chercher une petite fille et l'aide à son tour. Par la suite, Quentin ose affronter les autres jeux, mais toujours, la première fois, en présence d'Ahmed. Lors d'une fête d'anniversaire à la crèche, Quentin est fier de montrer ses prouesses à ses parents, étonnés et ravis.

Certains enfants, comme Ahmed, ont très tôt l'étoffe de leaders et d'éducateurs en herbe. Ils ont confiance dans leur corps, c'est à la fois une question d'image de soi et d'éducation. D'autres, comme Quentin, expérimentent, regardent, et finissent par oser, à condition d'être encouragés et sécurisés. Par la suite, ils savent profiter de l'expérience acquise.

Le regard et le soutien des adultes est nécessaire dans ces expériences. Il est très difficile pour les enfants d'évaluer une situation nouvelle, de rencontrer des personnes inconnues dont ils seront nécessairement dépendants. Ils sont alors submergés d'émotions, toute agressivité et toute violence un instant, ils débordent ensuite d'amour et d'allégresse, tantôt en détresse, tantôt jubilants ; les grandes personnes ont elles-mêmes des difficultés à comprendre et à suivre ces affects. Dans le cadre nouveau du jardin, Quentin panique, et cela déconcerte quelque peu son éducatrice.

Pour certains enfants, la confrontation aux autres est encore plus difficile. Ronald, le « second en tout » dont nous avons déjà parlé, a beaucoup inquiété sa maîtresse, qui raconte : « Quand il est arrivé en petite maternelle, il paraissait vraiment en détresse, il faisait tout ce qu'on disait, sans regarder, sans parler, sans jamais sourire. Il ne disait pas un mot ; il faisait seulement "oui" et "non" d'un signe de tête. À la récréation, heureusement, son grand frère venait le chercher, mais il ne lui lâchait pas la main, et cela énervait Jules qui voulait courir. Dès qu'il n'était plus sollicité, il s'asseyait, la tête penchée, et suçait son doudou. Cette attitude a duré au moins trois semaines. Je ne savais pas quoi faire pour lui. Les parents insistaient pour qu'il vienne à l'école. Puis, un jour, j'ai mis un disque de musique classique et Ronald s'est détendu, il est venu vers moi et, pour la première fois, il m'a pris la main. Ensuite, il est resté timide, mais il a commencé à parler, à sourire et à jouer un peu avec les autres enfants. » Toujours craintif, Ronald déclare aujourd'hui : « J'ai peur qu'on crie. » Pourtant les parents sont calmes, mais les frères et sœur de Ronald sont plutôt bruyants. Quand il était plus petit, il déclarait : « Les cris, ça fait peur, c'est comme des loups, ça peut manger. » Jules a beaucoup joué à effrayer Ronald pour asseoir son rôle d'aîné et les parents ne s'en sont pas toujours aperçus. Ronald a toujours eu peur d'être blessé, d'avoir mal, d'« être mangé », au fond. Il pourra se penser aussi fort que Jules seulement quand il aura trouvé son domaine à lui, le piano. Quant à Jules, un jour où il est furieux, il crie aux parents : « J'en ai marre, il reste tout petit, Ronald ; il faut tout le temps le protéger. »

Exister avec et malgré les autres

Les autres – enfants, adultes – sont fascinants, merveilleux pour l'enfant ; il a du mal à percevoir qu'ils ont les mêmes sentiments, les mêmes affects que lui. Pourtant, il sait bien que les autres veulent les mêmes choses que lui et cherchent à s'en emparer, par exemple, ils attrapent tout le temps le jouet que lui-même veut, ils deviennent les chouchous de la maîtresse. Ce sont des empêcheurs de danser en rond même si avec eux on peut jouer, parler, se bagarrer, raconter des histoires, et même se faire protéger. Tout enfant craint, comme Jules ou Ronald, chacun à sa manière, de ne plus avoir d'espace, d'être absorbé par l'autre, corps et biens. Une jeune mère se désolait : « Ma fille est égoïste ! » Celle-ci, âgée de deux ans et demi, avait hurlé quand la mère avait voulu partager le gros gâteau du goûter et en offrir une part à la petite camarade de jeux. En fait, l'enfant de cet âge perçoit uniquement l'arrachement d'un bien qui, pour un instant, fait corps avec lui. Mieux vaut, dans ce cas, avoir un paquet de gâteaux et les distribuer ; ce partage-là est compris : les gâteaux sont des unités séparées.

Peu à peu, l'enfant se rassure : on peut exister ensemble sans disparaître, sans être mangé. Ce qu'il est, ce qu'il sait faire demeure en présence des autres. Le regard des parents, des éducateurs, est essentiel à cette période de la vie. S'il faut savoir être ferme et protecteur parce que cela le rassure, le regard positif, bienveillant, sur l'enfant est fondamental. À cet âge, il peut se déprimer profondément quand il se sent humilié, quand on se moque de lui, quand on lui fait honte.

Quand les enfants ont trouvé leurs marques en eux et autour d'eux, il leur reste une étape à franchir, bien éprouvante elle aussi : ils vont devoir apprendre, par le biais du « fait du bien, fait du mal », du permis et du défendu, qu'une action peut être bonne ou mauvaise, et aussi que le choix, le risque, sera désormais entre leurs mains.

Les interdits

« Ne touche pas, ça brûle »

Dès que l'enfant a une autonomie motrice, les parents formulent des interdits : « Ne touche pas, ça brûle », « Ne mange pas ça », « Ne ramasse pas ça, c'est sale ». Ce sont des phrases que l'on entend souvent, elles sont toujours énoncées avec angoisse par les parents qui évaluent les dangers possibles et multiples de l'environnement.

Les premiers interdits sont, en général, liés aux dangers. L'enfant évolue dans un univers qu'il peut et doit désormais explorer par lui-même ; dans le même temps, cet univers peut être dangereux, voire mortel pour lui. De ce fait, les élans de l'enfant sont canalisés, orientés, parfois arrêtés. Si les interdits sont expliqués, évoqués calmement, l'enfant va les intégrer, mais parfois il va tenter de vérifier par lui-même en bravant les défenses. Dans *Les Malheurs de Sophie* [3], on voit Sophie désobéir à sa mère et marcher dans la chaux vive qui lui brûle les pieds. Sa mère lui a dit d'un ton agressif : « Voyons, ne raisonne pas tant et tais-toi, je sais mieux que toi ce qui peut te faire du mal ou non.

---

3. Comtesse de Ségur, *Œuvres complètes*, collection Bouquins, tome 1, Paris, Éd. Robert Laffont, 1990.

Je ne veux pas que tu ailles dans la cour sans moi. » Comme toutes les mères, Mme de Réan a voulu protéger sa fille, mais elle a mis en doute la pensée de celle-ci. « Je sais mieux que toi » a été perçu comme si elle déterminait par elle-même ce qui pouvait être dangereux ou non. Peut-être que si la mère avait dit à Sophie : « La chaux brûle comme du feu, même si elle est blanche et si elle a l'air douce », la petite fille aurait mieux compris.

Natacha a cinq ans, sa maman a très peur d'un tas de choses pour elle comme pour sa fille. À l'école, Natacha est vive, joyeuse, elle prend une part active aux jeux, monte sur le toboggan, dans les cages d'écureuil. À la maison, ou au parc avec sa maman, elle est tout à fait différente : elle reste le plus souvent collée à sa mère, remue peu, joue à des jeux calmes. Un jour, on livre un grand meuble à la maison. Très curieuse, Natacha s'approche. La mère lui dit alors, sur un ton anxieux : « N'approche pas, c'est lourd, ça pourrait te faire mal. » Pendant plusieurs jours Natacha n'osera pas s'approcher du meuble qui, bien fixé, ne risque plus de basculer. La mère, désolée, prend sa fille par la main et lui dit : « Regarde, touche, il est bien rangé, maintenant. » À ce moment, Natacha veut ouvrir la porte et se pince les doigts. Elle se met à pleurer. Désormais, elle ne s'approche plus du meuble qui a confirmé l'interdit angoissé de la mère. C'est le père qui arrangera tout, il prend conscience de la terreur de sa fille, organise alors un jeu dans lequel Natacha sera assise sur le meuble. Il l'installe lui-même en lui disant : « Je reste là, il ne t'arrivera rien » et, de fait, rien n'arrive. Natacha ne parvient pas à vraiment intégrer les interdits proférés de façon trop angoissée par sa mère, elle a le sentiment qu'elle et sa mère sont plongées dans un monde où tout est dangereux, où tout peut faire mal, même si on obéit – et Natacha sait obéir. Heureusement, le père, plus serein, rassure tout le monde.

Bien d'autres interdits vont intervenir dans la vie de l'enfant. Ceux du quotidien tout d'abord : « Ne jette pas le verre par terre, il se casserait », « N'écris pas au feutre sur les murs de la cuisine ». Ces injonctions, qui bien évidemment freinent les élans de l'enfant, lui permettent aussi de découvrir quelques clefs des bonnes relations : on ne fait pas, on ne dit pas n'importe quoi, dans la maison ou ailleurs.

Au-dedans du bien et du mal

Au travers de ces interdits, l'enfant découvre que ses actes et ses paroles peuvent susciter chez les adultes et chez ses camarades des réactions multiples, angoisse, colère, tendresse, plaisir, et lui-même éprouve des sentiments et des émotions en retour de ces réactions.

Quand Samira, la « petite princesse », se met en colère, elle voit que ses parents sont sidérés et elle ressent la tristesse de sa mère. Un jour, elle fond en larmes, « j'ai du chagrin de te faire du chagrin ». Certains enfants jouent avec ce pouvoir qui leur est donné, sur les parents en particulier. « Je viens quand même dans la chambre, même si tu ne veux pas », affirme Oscar du haut de ses cinq ans. Mais quand ses parents lui expliquent que chacun peut respecter le domaine de l'autre à la maison, il se calme, puis baisse la tête : « Je ne suis pas content ; c'est des bêtises que j'ai faites. »

Le plus grand des interdits donné entre trois et sept ans n'est que très rarement énoncé, il se joue dans l'inconscient : « Tu n'épouseras pas ton père ou ta mère, tu ne chasseras pas l'autre parent de ta vie. » Pourtant, l'enfant, sans le savoir, accepte de ne pas être le tout de la vie de ses parents ; ils ont leur domaine à eux, leurs secrets, ils existent indépendamment de leurs fils ou de leurs filles qui, eux aussi, ont désormais leurs propres domaines réservés. Si ce cheminement (la liquidation du complexe d'Œdipe, en fait) se réalise, l'enfant a trouvé son autonomie. Il doit fonder sa vie à lui, il est vraiment né désormais car son territoire de sujet est maintenant délimité. Quand les parents d'Oscar lui disent : « Nous respectons l'endroit où tu joues, respecte ce qui est à nous », c'est une façon claire d'affirmer qui est qui dans la famille. Oscar aura ainsi des moyens de réfléchir à ce qui est « bien » ou « mal » et non plus seulement permis ou défendu. Bien évidemment, le soutien et l'éducation gardent leurs droits dans ce cheminement, mais ces critères, ces expériences, leur donnent sens.

Cette période de la découverte des interdits, du sentiment de culpabilité, est capitale pour l'enfant et pour la confiance en soi : il connaît ses limites, comprend qu'il existe des dangers ; il découvre aussi qu'il existe en lui quelque chose qui lui permet de sentir la valeur et le sens de ce qu'il fait. Il a perdu sa toute-puissance magique, mais il est très puissant néanmoins, il sait ce qu'il fait, pourquoi il le fait et ce que cela signifie : il est sujet. Il est situé dans le cadre de limites qui existent en lui et hors de lui, mais il a des pouvoirs de choix, de décision, d'émotions, de connaissance. Sa conscience de soi comporte désormais une dimension de conscience morale, clef de la vie sociale et personnelle.

La grande majorité des enfants ont pu ainsi se construire, prendre confiance en eux au cours d'étapes qui sont comme autant de moments de crise, où des séparations, des renonciations, des choix s'opèrent. Mais il reste vrai que, malgré tout, un grand nombre d'enfants aujourd'hui n'ont pas suffisamment confiance en eux alors qu'ils sont entourés, protégés et, somme toute, vivent dans de très bonnes conditions. La confiance en soi, fragile, vacillante chez les petits, est en effet très éprouvée à de multiples occasions. Il semble opportun d'examiner ce qui peut attaquer, fragiliser, voire détruire leur confiance en soi.

3

La confiance en soi au risque des épreuves

Quand Harry Potter, âgé de onze ans, arrive au collège de Poudlard, l'école des sorciers [1], il est tout excité et assez fier de lui : il quitte sa terrible famille nourricière, il a été choisi pour devenir le digne héritier de ses héros de parents. Très vite, pourtant, cette belle confiance est battue en brèche : il n'est pas très bon élève, certains de ses camarades lui sont très hostiles et cherchent à lui nuire ; les professeurs sorciers ressemblent à tous les professeurs et quelques-uns d'entre eux font trembler des classes entières...

Si les ouvrages de J. K. Rowling ont tant de succès, c'est parce qu'ils racontent en paraboles passionnantes les avatars de l'enfance et de

---

1. J. K. Rowling, *op. cit.*

l'adolescence. Nul ne grandit, ne se construit sans traverser d'épreuves. Elles peuvent ébranler, voire détruire, la confiance en soi ; elles peuvent aussi l'affirmer si l'on est suffisamment soutenu, si l'on fait les bonnes rencontres au bon moment. L'histoire et l'environnement de l'enfant peuvent engendrer de ces difficultés génératrices de crises. Une crise est un seuil où se dessinent les traits de la personnalité. Dans ce domaine, on peut essentiellement évoquer :

– les événements familiaux et les événements traumatiques ;

– les difficultés qui peuvent survenir chez la nourrice et à la crèche ;

– les difficultés dans le contexte scolaire.

La confiance en soi peut être aussi attaquée à l'intérieur même de la vie psychique par des émotions, des sentiments plus ou moins dépendants des faits vécus par l'enfant. Cela concerne essentiellement la peur et l'angoisse.

Les événements familiaux

On a souvent tendance à affirmer, de manière un peu rapide, que tel ou tel enfant semble perturbé en raison de ce qui se passe dans la famille : divorce ou séparation des parents, deuil, conflits, chômage, etc. Il est évident que tout être humain est marqué par de tels événements, surtout en ce qui concerne les plus jeunes. Dans la vie psychique, les rapports de cause à effet sont mystérieux, obscurcis par les forces de l'inconscient. Chacun vit les choses à sa façon et les apparences se révèlent bien souvent trompeuses.

Sonia et ses deux maisons

Quand survient un divorce, l'enfant ne perd pas forcément confiance en lui ni dans les adultes si les choses se passent bien, et cela arrive souvent.

Quand les parents de Sonia, quatre ans et demi, ont décidé de divorcer, ils le lui ont dit ensemble, expliquant comment la vie allait s'organiser pour elle. Sonia demeurerait chez sa maman, elle irait chez son père le week-end. Mais l'organisation serait souple : elle pourrait, par exemple, rester chez sa maman au cas où elle serait invitée par une amie ou pour recevoir ses amies, en revanche, elle séjournerait chez son père si sa maman devait s'absenter. Les parents ont très bien expliqué à Sonia qu'elle n'était pour rien dans la séparation des parents. Sonia ne changerait pas d'école et la maîtresse était prévenue. Aujourd'hui, Sonia vient d'avoir sept ans, elle est en CE1, bonne élève, très fière d'avoir une petite

« demi-sœur », fille d'un beau-père qu'elle a pu accepter car les deux parents ont parlé sereinement de leurs nouveaux couples.

Frantz au cœur du conflit

Les choses sont beaucoup plus difficiles quand le divorce se passe mal et quand les enfants sont tiraillés entre les paroles et les volontés passionnées des deux parents. Ils peuvent se sentir responsables de la situation – « parce qu'ils ont été méchants » – et ne plus savoir où ils en sont ni quoi faire, tant ils sont pris dans la souffrance et la rancœur de leur père et de leur mère. Pourtant, bien souvent, ils ne perdent pas confiance en eux, même s'ils se sentent coupables et souffrent. En effet, ils doivent faire face, se trouver, prendre une certaine distance par rapport à leurs parents afin de vivre pour eux-mêmes, trouver leur espace dans l'imbroglio familial. Il arrive qu'ils deviennent les confidents de leurs parents, ce qui les valorise mais les arrache à leur vie d'enfants.

À six ans, Frantz est constamment tiraillé, d'autant que les grands-parents, tant du côté paternel que du côté maternel, n'hésitent pas à mettre de l'huile sur le feu : « Tu es enrhumé, gémit la mère du père, cette femme ne sait même pas t'habiller comme il le faut », « Tu ne travailles pas à l'école ; tu es comme ton père, fainéant », déclare l'autre grand-mère. C'est la mère qui amène Frantz en consultation, car « elle voudrait un papier pour son avocat », elle aimerait que « Frantz voie moins son père qui n'est pas un bon exemple ». Resté seul en entretien, Frantz pleure : « J'aime papa, j'aime maman, j'aime mes grands-parents, je veux tous les voir... tout ça, c'est parce que je n'arrive pas à apprendre à lire. »

Un travail long et délicat, des rencontres fréquentes avec les parents et aussi avec les grands-parents seront nécessaires pour que les passions se calment et que Frantz vive dans un climat plus serein. « Ça y est, je verrai toujours papa, maman, les deux grands-pères, les deux grands-mères... maintenant, j'apprends à lire, je choisis mes habits, je ne veux pas qu'on dise du mal de papa ou de maman... je ne dis plus rien à papa de ce que je fais avec maman ou à maman de ce que je fais avec papa, je ne réponds pas aux questions, c'est mieux. » Frantz s'est situé à distance du conflit et il en est fier, il a confiance dans ses choix, dans ses décisions, mais il aimerait que sa vie soit moins cloisonnée, moins solitaire. Des barrières existent, qu'il ne peut franchir, il les accepte mais en souffre profondément. « Les disputes, c'est des choses de papa et maman, je ne sais pas ce que ça veut dire. » Bien évidemment, aucun papier n'est fait pour l'avocat et la mère de Frantz a fini par comprendre que, au fond, c'est mieux ainsi pour son fils.

Pierre et Coraline

Quand les parents ont le projet de divorcer et ne disent rien aux enfants, comme c'est le cas pour Pierre et Coraline évoqués au premier chapitre, il en résulte une grande tension, une inquiétude sourde qui perturbe les relations familiales et qui amène les enfants à faire bloc et à s'isoler, à se protéger entre eux et à tenter de protéger les parents. Coraline a perdu toute confiance en elle-même : jumelle qui avait du mal à se situer par rapport à son jumeau, plus sûr de lui, elle ne se sent plus épaulée par ses parents. Pierre, lui, joue à paraître très fort, mais il a aussi bien des difficultés à assumer la situation. Les deux enfants tombent fréquemment malades, ensemble.

Sur le conseil du pédiatre, les parents ont décidé de dire aux jumeaux que leur couple traversait une période compliquée. Avant de se séparer, ils allaient consulter quelqu'un qui les aiderait à analyser ce qui se passait entre eux et à prendre la meilleure décision possible. Ils ont aussi promis que les enfants ne seraient privés ni de leur père ni de leur mère, et qu'on ne les séparerait pas l'un de l'autre. Pierre et Coraline ont d'abord beaucoup pleuré, puis ils ont posé des questions, parfois bien embarrassantes pour les parents, du genre « qui a fait des bêtises, papa ou maman ? ». Puis, avec l'aide d'un conseiller conjugal, le couple s'est consolidé. Coraline va chaque semaine chez une psychologue et elle commence à jouer avec ses camarades de classe. Pierre, en revanche, refuse toute aide psychologique et reste très solitaire, d'autant plus triste que sa sœur invite des petites amies, s'intéresse aux poupées et n'a plus sans cesse besoin de lui. Heureusement, le père soutient beaucoup son fils, il a promis de l'initier au modélisme « entre hommes », et Pierre en est ravi. Comme il arrive souvent, c'est l'enfant apparemment le plus fragile qui, au fond, reprend plus aisément confiance en lui. Coraline a conscience de sa fragilité et accepte de faire un travail psychologique ; elle a le sentiment d'être victorieuse alors que Pierre est frustré et sans repères et il perd peu à peu sa fausse assurance qui lui donnait l'illusion d'être le plus fort de tous à la maison.

Dans la famille, beaucoup d'autres circonstances peuvent amener un enfant à perdre confiance en lui : trop de laxisme ou trop de sévérité sont inquiétants, de même que la vulnérabilité des parents qui présentent des difficultés sociales ou psychologiques : les parents de Samira, par exemple, qui n'osent pas s'affirmer parce qu'ils sont enfants d'immigrés. Mais la grande majorité des parents essaient de donner confiance à leurs enfants malgré leurs propres difficultés.

Les traumatismes

On parle beaucoup des équipes de psychologues qui aident les victimes de guerres ou de catastrophes. Dans ces circonstances, le traumatisme est clair, avéré, et, la plupart du temps, fort bien pris en charge. Mais, pour les jeunes enfants, des traumatismes réels peuvent survenir qui passent fréquemment inaperçus. Le drame de la perte prématurée d'un « doudou », par exemple, n'est pas à prendre à la légère. D'autres circonstances très banales peuvent entraîner des traumatismes, ainsi les paroles prononcées, croit-on, à l'insu des enfants. En fait, ils entendent, s'angoissent, souffrent et n'osent pas forcément en parler, d'autant qu'elles ne leur sont pas adressées.

Laetitia et la révélation sauvage du handicap

Laetitia, jeune trisomique de sept ans, dit : « C'est malheureux que je sois comme ça », et elle pleure beaucoup. Elle dit à sa thérapeute :

« Je ne veux plus être comme ça, maman est malheureuse, comment je fais ? » Laetitia a entendu, dans la file d'attente du supermarché où elle était accompagnée d'une éducatrice, une dame dire : « C'est malheureux que ces enfants soient comme ça, pauvres parents. » Laetitia aura bien du mal à continuer à assumer la réalité de son handicap, elle n'avait jusqu'alors aucune conscience de ce qu'il pouvait représenter pour d'autres personnes. Elle n'ose pas parler à ses parents de ce qu'elle a entendu : « Ça leur ferait de la peine ; je leur fais de la peine parce que je suis comme ça. » Pourtant, les parents de Laetitia ont une relation très chaleureuse et détendue avec leur fille qui est éveillée et charmante.

Il est nécessaire d'être attentif aux paroles prononcées au sujet des enfants ou des parents, surtout quand il s'agit de paroles « en l'air », souvent à tonalité malveillante. Il est important d'encourager les enfants à parler de ce qui les inquiète ou leur pose question. Si, dans la famille, on peut s'exprimer librement, les événements brutaux, comme celui qui a frappé Laetitia, seront mieux supportés.

D'autres événements, minimes et parfois positifs en apparence mais souvent bien difficiles à comprendre, peuvent entraîner des traumatismes qui ébranleront le monde intérieur et extérieur de l'enfant. Les déménagements, effectués la plupart du temps pour un plus grand confort et un meilleur environnement de la famille, représentent toujours un déracinement qu'il est bon de travailler avec les enfants.

Cédric et le trésor perdu

Cédric a six ans, c'est un tout petit garçon très pâle qui a été placé en internat par la DASS en attendant le relogement de ses parents, toxicomanes et délinquants. Toute la famille vit dans un squat. L'admission de Cédric en internat de semaine s'est très bien passée : l'internat est proche du « domicile » des parents qui peuvent venir le voir le mercredi et l'emmènent chez eux du vendredi soir au lundi matin. Les parents de Cédric sont très attentifs, ils s'entendent bien avec les éducateurs de l'internat. Cédric prend des couleurs mais reste toujours menu. Il est brillant dans sa classe de CP. Un jour, les parents annoncent triomphalement à Cédric qu'ils sont relogés dans un bel appartement. Ils vont aussi avoir un chat, car l'enfant en rêve depuis toujours. Cédric peut rester à l'internat s'il le désire, et c'est la décision qu'il va prendre. Le lundi suivant, les parents, très tristes, ramènent leur fils effondré à l'internat. Le week-end s'est très mal passé, Cédric a pleuré sans arrêt, n'a même pas été consolé par les caresses de Kizzy, la petite chatte tigrée qui a pourtant voulu dormir près de lui. Les parents ne comprennent pas, les éducateurs non plus. Pendant plusieurs semaines, le petit garçon s'étiole, s'endort à l'école, pleure le soir dans son lit.

Un jour, la maîtresse raconte une histoire de trésor découvert dans la caverne d'un dragon. Cédric se met alors à sangloter et dévoile enfin les causes de son chagrin : dans le squat, il avait adopté comme « cachette secrète » un grand trou dans le mur, il y mettait ses minuscules trésors, jolis cailloux, bouts de ficelle, petites autos. Les murs lisses de la nouvelle maison n'offrent à Cédric aucune cachette secrète ; par ailleurs, ses parents, pourtant très aimants, n'ont pas pensé à lui proposer d'emporter les trésors accumulés dans son paradis. Il a fallu de longues semaines à leur fils pour accepter cette perte... qui reste liée pour lui à une certaine incompréhension des parents et des autres grandes personnes.

Tout un pan de la confiance de Cédric s'est effondré, il se renferme, ne prend plus de risques dans l'acquisition des connaissances scolaires ni dans les jeux. Ce n'est lié ni à la toxicomanie de ses parents, ni au placement en internat, mais à un incident, minime en apparence, qui a fait éclater son monde de rêve ; même ceux qui lui sont le plus attachés ne pensent pas à tout. Peut-être que la précarité des conditions de vie de la famille a fragilisé l'enfant. Il n'en reste pas moins qu'une aventure de ce type peut arriver dans toute famille, quelles que soient ses conditions de vie. Beaucoup d'adultes évoquent ainsi en thérapie la perte d'un trésor d'enfant et la détresse ressentie, détresse qui les a ébranlés dans leur confiance en leur possibilité de protéger ce qu'ils possèdent et dans la capacité des adultes à les comprendre.

Dans le film *Le fabuleux destin d'Amélie Poulain*, Amélie Poulain se donne beaucoup de mal pour restituer en cachette un tel trésor d'enfant à une grande personne qui s'en trouve raffermie et réconfortée...

Quand on parle de traumatismes, on évoque souvent le deuil, mais, si les deuils de personnes proches sont dans la majorité des cas compris et pris en charge, on est souvent bien moins attentif à ce que peut représenter pour un enfant la mort d'un animal.

Le petit chat est mort

Amandine, jeune femme de vingt-trois ans, consulte pour des attaques de panique qui gâchent sa vie, la laissent totalement impuissante et brisée. Elle a une phobie de la mort qui l'amène à refuser de prendre des risques : elle ne fait pas de sport, ne veut pas passer son permis de conduire car elle craint les accidents de voiture. Elle raconte ainsi comment elle a su qu'un jour elle mourrait.

« J'avais trois ans, j'étais encore fille unique, mes frères et mes sœurs sont nés plus tard. Nous habitions la campagne. J'étais triste parce que mon père partait pour une semaine au Salon de l'agriculture et emmenait avec lui nos plus beaux moutons. Soudain, la voisine est arrivée, elle tenait dans ses bras notre chatte Grenadine qu'une voiture venait de tuer sur le bord de la route. Grenadine paraissait dormir, je n'ai pas vu de blessure. J'ai demandé à ma mère de la caresser pour qu'elle se réveille, et elle m'a dit : “Elle ne se réveillera pas, c'est ça, la mort.” Je lui ai demandé : “Qui peut mourir, les animaux, c'est tout ?” Elle m'a répondu : “Tout le monde.” J'ai eu peur, j'ai crié : “Toi aussi, moi aussi, papa aussi ?” Elle m'a répondu : “Bien sûr, tout le monde.” Je savais que papa ne dormirait pas à la maison ce soir-là ; j'ai eu peur que le lendemain un de nous, ou les trois, nous ne nous réveillions pas. La nuit, je tremblais, je suis allée voir ma mère, elle dormait, je l'ai réveillée en criant très fort. Elle m'a donné une fessée et renvoyée au lit. Depuis, je crains que quelque chose en moi ne s'arrête ; je pense que mon corps peut se casser, j'ai toujours peur de dormir et je dors très mal. »

Ce soir-là, la mère d'Amandine était sans doute soucieuse à cause du départ de son mari ; elle avait étonnamment protégé sa fillette de la mort des volailles et des lapins, fréquente à la ferme, et l'enfant n'avait pas réalisé que lorsqu'on emmenait les vaches ou les moutons c'était pour les tuer. La révélation brutale de la destinée de tout être humain à un moment de plus grande vulnérabilité pour l'enfant et pour sa mère a causé un réel traumatisme à la petite fille soudain jetée dans la perte de deux êtres aimés : le père, qui ne partait que pour un temps, mais à trois ans le sens du temps est très différent de celui des adultes, et la chatte, sa compagne de jeux. De plus, les beaux moutons dont on était si fier avaient aussi disparu. Amandine a perdu toute confiance dans son corps, qui pouvait la trahir, et dans son expérience de la durée. Elle a attendu très longtemps avant d'oser en parler et de se faire soigner, sans doute parce que, dans la nuit de panique qui a suivi la révélation, sa mère, seule dans le lit conjugal, a puni sa peur. Des années plus tard, devenue adulte, la jeune femme comprendra que sa mère était terriblement jalouse et craignait que son mari ne la trompe durant son séjour à Paris, ce qui explique mais ne justifie pas sa violence.

La violence familiale existe, revêt des formes multiples et parfois larvées ; elle représente une source importante de traumatismes et de perte de confiance. Pourtant, même au travers de souffrances psychiques comme celles d'Amandine ou de Laetitia, un chemin peut se faire, la confiance peut être retrouvée. Amandine, qui avait réussi dans son parcours scolaire mais n'avait pas trouvé son orientation professionnelle, vient de décider d'entreprendre des études d'infirmière ; elle choisit d'affronter ce qui la terrifie. C'est parfois une bonne solution, à condition néanmoins de faire comme elle un travail psychique.

À la crèche et chez la nourrice

Certains enfants se voient confrontés à d'autres difficultés, à d'autres attaques contre la confiance en soi, et cela dans les lieux où ils passent une partie de leur vie.

La crèche

La crèche est devenue un mode de garde privilégié. Actuellement, ces institutions coopèrent étroitement avec les parents, ceux-ci rencontrent les personnes qui s'occupent de leur enfant et visitent les lieux, sont tenus au courant des événements de la journée, parlent avec les autres parents. Pourtant, surtout chez les plus grands enfants, entre deux et trois ans, la confiance en soi peut y être attaquée. En effet, les relations des enfants dans la crèche sont extrêmement mystérieuses et les adultes, pourtant toujours présents, ont beaucoup de mal à percevoir ce qui s'y joue.

La personnalité des enfants se dessine beaucoup plus tôt qu'on ne le croit généralement, et elle n'est pas non plus la projection directe de celle des parents : il existe des leaders très précoces, des victimes consentantes, des bagarreurs teigneux, des charmeurs et des charmeuses... on pourrait multiplier les catégories à l'infini. Le jeune enfant au milieu des autres est toujours tenu de s'affirmer ou de se soumettre, de se débrouiller ou de se laisser mener.

À près de trois ans, Léo, charmant petit garçon à l'air angélique, met son groupe en coupe réglée : il récupère tous les jouets et les stocke, les autres enfants viennent partager leur goûter avec lui. Il apaise les disputes en secouant très vigoureusement les belligérants. Lui-même est rarement attaqué. Les éducatrices de la crèche lui font confiance et lui disent parfois de jouer avec un plus petit qui pleure ou d'aller chercher quelque chose pour leur rendre service. Léo angoisse beaucoup la petite Mélanie, celle-ci déteste qu'on vienne chercher ce avec quoi elle joue ; comme elle se sent moins forte que Léo, elle crie et l'éducatrice lui demande de se calmer, même si Léo vient d'emporter les jouets de Mélanie dans son stock du jour. Mélanie se résigne et cesse de lutter. Elle se blottit dans un coin et ne parle plus ; elle a désormais peur de Léo et a perdu confiance dans le soutien de l'éducatrice. Le risque serait que cette situation s'installe.

Heureusement, en crèche, les événements se déroulent rapidement, les adultes se remettent en question et corrigent leurs modes d'intervention. Néanmoins, Mélanie a vécu une expérience douloureuse et fragilisante. Elle a besoin non seulement qu'on la soutienne, mais qu'on lui apprenne à se défendre autrement qu'en criant.

Chez la nourrice

Chez les nourrices, appelées aujourd'hui assistantes maternelles, les enfants peuvent, comme partout ailleurs, être soumis aux agressions de leurs pairs, en particulier des propres enfants de la nourrice : ceux-ci, surtout s'ils sont d'âge proche de ceux qu'elle reçoit, risquent de les considérer comme des envahisseurs.

Il peut aussi arriver que la nourrice et son mari aient des principes d'éducation très différents de ceux de la famille de l'enfant. L'enfant se trouve ainsi mis en contradiction, c'est ce qu'on appelle un double lien. Il est invité à être différent chez la nourrice et à la maison ; il sent implicitement que la nourrice n'apprécie pas les parents et réciproquement. Certains enfants ont peur de se tromper et de ne pas faire ce qu'il faut où il faut, ils deviennent alors passifs, hésitants. D'autres s'opposent violemment et font le contraire de ce qui est attendu ou demandé de part et d'autre. Une telle situation est difficile pour l'enfant, qui ne retrouve plus ses rythmes, ses intérêts et surtout ses valeurs. Par exemple, un enfant joueur et actif avec ses parents est invité à être trop sage chez la nourrice. Heureusement, de plus en plus souvent les nourrices reçoivent une formation et respectent les personnalités et l'éducation de chacun des enfants, leur permettant de trouver leur place dans la maison sans que leurs propres enfants soient lésés.

Lucas, deux ans et demi, est très fier d'être propre. Il a décidé de ne plus avoir de couches et sa mère, non moins fière car Lucas a pris cette décision et acquis la propreté tout seul, l'a emmené chez sa nourrice en lui annonçant la grande nouvelle. Le premier jour, tout se passe bien. Le lendemain, Lucas, très pris par un jeu avec les autres enfants, court trop tard vers le pot. La nourrice, très méticuleuse, le gronde et lui remet d'autorité une couche. Toute la journée, Lucas est triste et réussit à si bien se retenir que la couche est parfaitement sèche quand sa mère vient le chercher. La nourrice déclare : « Madame, je pensais bien que c'était trop tôt, demain, je veux qu'il vienne avec des couches. » Heureusement, après un très long temps de discussion, la mère et Lucas finissent par avoir gain de cause. Mais pendant plusieurs jours Lucas sera mal à l'aise chez la nourrice et passera beaucoup de temps sur son pot au lieu de jouer et d'être détendu et heureux. Il aura perdu confiance dans la maîtrise de son corps nouvellement acquise.

Tout ne se passe pas toujours aussi bien. Les nourrices ne disent pas tout et les enfants, tout petits, ou bien ne savent pas parler ou bien n'expriment pas vraiment les choses. Il est important que les parents soient attentifs aux changements de comportement de l'enfant, à son refus catégorique et répété de retourner chez la nourrice, par exemple. Il est nécessaire de beaucoup dialoguer avec les assistantes maternelles.

De leur côté, celles-ci peuvent aussi repérer des difficultés dans l'attitude des parents et les aider, en les rassurant quand l'enfant fait des colères dès qu'on le frustre ou quand il chipote sur la nourriture. Mais la confiance et la clarté dans les relations sont un peu difficiles à établir d'autant que des rivalités affectives se jouent toujours lors des premières séparations. Le choix d'un mode de garde, les possibilités offertes souvent restreintes sont fréquemment une épreuve pour la famille, une épreuve pour la confiance en soi de chacun.

L'école

La maternelle

La plupart du temps, les enfants sont très heureux en maternelle, et une fois la rentrée effectuée, malgré les pleurs de l'enfant et de la mère, l'émotion du père, les choses se passent bien. Parfois même, les parents se sentent un peu jaloux de la maîtresse « qui sait », au dire des enfants, ce que les parents ne peuvent pas connaître. Mais les enfants se débrouillent pour soutenir les parents, témoin ce petit garçon de trois ans qui, après sa première matinée d'école, disait dans la rue à sa mère : « Elle est jolie ma maîtresse, tu sais, mais moins jolie que toi, maman. »

Pourtant, il arrive que des enfants, jusqu'alors épanouis, perdent confiance en eux à l'école, et cela malgré la bonne volonté de tous. Certains se découvrent plus maladroits, plus lents que d'autres dans des tâches tout de suite perçues comme scolaires ; d'autres, au contraire, qui ont appris beaucoup de choses à la maison du fait de leurs frères et sœurs plus grands ou de parents désireux de « les mettre en avance », ont le sentiment de perdre leur temps et de « faire des choses pour tout-petits » ; pour d'autres enfin, il s'agit de la première séparation d'avec le milieu familial et la collectivité leur fait très peur.

Les enfants subissent des épreuves en collectivité, par exemple, le fait d'être systématiquement menés ensemble aux toilettes ou l'idée qu'ils peuvent être regardés par les autres à ce moment-là ; la cantine aussi est difficile, parfois on les oblige un peu à manger, certains jouent avec la nourriture ou essaient de dégoûter les plus petits. Enfin, il existe, dans tout groupe d'enfants, des taquins, des brutaux, des moqueurs. Dès la maternelle (et même dès la crèche), on « se traite » ; une des grandes injures chez les plus petits est « t'es pas beau », ce qui est très blessant pour les enfants qui sont en train de découvrir leur corps. À la grande maternelle, les injures sont plus corsées et parfois on se moque des parents, « ta mère, elle est grosse », « ta mère, elle est pas belle », et les enfants ne supportent absolument pas cela.

Mais surtout, et c'est sans doute le plus compliqué, la compétition commence dès la première année d'école. Parents et enfants sont inquiétés parce qu'ils entendent parler de « difficultés motrices », d'« instabilité », d'« agitation », de « manque de concentration », il arrive même que l'on parle de « redoublement ». On évoque aussi la « précocité » de certains. Or, à l'âge de l'école maternelle, l'enfant est en pleine construction ; il cherche des repères, et cela trouble souvent son comportement, il veut qu'on le remarque pour être sûr d'être accompagné, protégé ; il a envie de faire comme les grandes personnes qu'il admire, la maîtresse ou le maître en particulier (c'est ce qu'on appelle le désir d'identification). Il vit, et l'on vit souvent comme échec de sa part, ce qui n'est en réalité qu'une étape de sa croissance. Parfois, il se croit rejeté par l'enseignant et en souffre beaucoup. Enfin, bien souvent les enfants se comportent différemment à l'école et à la maison et racontent fort peu à la maison ce qui se passe à l'école, et cela brouille les pistes.

Mounir termine sa première année de maternelle. Il est entré à l'école à deux ans et neuf mois, sa maman était enceinte et fatiguée. Son père était retourné en Algérie parce que le grand-père était très malade. Du fait de la tension politique en Algérie, du fait aussi de la grossesse de la mère, le grand-père avait refusé qu'on lui amène Mounir, son premier petit-fils pourtant. La mère porte le foulard, ce qui n'est pas rare dans le quartier, mais un grand trouve quand même le moyen de se moquer : « Ta mère, elle cache ses cheveux parce qu'ils ne sont pas beaux. » Mounir pleure. Quelques jours plus tard, la fermeture Éclair de son blouson se coince, la maîtresse tente de l'aider et casse la fermeture, Mounir éclate en sanglots. Par la suite, il ne veut plus enlever le blouson, pourtant réparé ; il ne veut plus parler aux autres parce qu'on s'est moqué de sa mère ; il ne veut plus faire les découpages ou les dessins proposés. Finalement, pourtant, il se trouve un copain, Farid, d'origine tunisienne et dont la mère aussi porte le foulard. C'est alors que la maîtresse parle de « redoublement de la première année de maternelle ». La mère est très triste, Mounir dit qu'il a « tout raté » et pleure parce qu'il va être séparé de Farid, ce qu'il perçoit très bien. Heureusement, à ce moment, le père revient d'Algérie, détendu : son propre père va mieux. Il comprend la détresse de son fils et vient parler à la maîtresse. Étonnamment, les derniers jours de l'année,

Mounir semble rattraper tout le temps perdu : il dessine, chante, joue. Il n'est plus question d'échec ni de redoublement.

La grande école

L'entrée à la grande école représente pour tous les enfants, et tous les parents, une conquête mais aussi une étape bien difficile. Même le cadre devient plus austère : moins de jeux et d'aires de jeux dans la cour, beaucoup moins de dessins affichés aux murs. En CP, il n'y a presque plus jamais d'animaux, poissons rouges ou hamsters ; désormais, en ville, il n'est même plus question de tracer à la craie sur le sol les territoires des jeux symboliques qui ont traversé les âges, on ne peut plus se faire de « maisons » pour jouer au papa et à la maman en traçant des carrés sur le sol, même les marelles sont peintes une fois pour toutes, en blanc, et d'ailleurs on n'y a pas accès « car les garçons jouent au foot avec n'importe quoi puisque les ballons sont interdits et ils occupent toute la cour ».

Quand on entre en CP, on est parmi les petits mais on a droit aux longues journées de classe, immobile, aux notes, au travail du soir et à la nécessité de réussir les apprentissages essentiels que sont la lecture, l'écriture, l'arithmétique. Les enfants sont fiers d'être devenus grands, d'entrer dans la maîtrise rêvée de la lecture et de l'écriture. Pourtant, la transition est dure. Certains ont bien du mal à apprendre à lire, à écrire ou à compter ; surtout, ils sont épuisés par les longues heures d'attention qui leur sont demandées, même si les maîtresses s'ingénient à en rompre et assouplir le rythme. Ils ont aussi peur des sanctions, des punitions, de ce que les enseignants diront aux parents et de la réaction des parents. Ils doutent de leurs possibilités : « Je suis nul », disent certains.

Un soir, à la sortie, la maman de Myriam trouve sa fillette en pleurs. Myriam baisse la tête, ne dit rien, soudain, en chemin, elle se met à hurler « maman, je fais pipi » et inonde son jean et ses chaussures. À peine arrivée à la maison, elle vomit. Une fois les dégâts réparés, Myriam se calme et raconte qu'elle n'a pas osé demander à aller aux toilettes parce que la maîtresse avait dit à une autre : « Tu n'avais qu'à y aller à la récréation » ; mais justement, ce jour-là, les plus grands avaient barré le chemin aux plus petits. Myriam avait passé la fin de l'après-midi à essayer désespérément de se retenir et, à la sortie, les enfants n'ont pas le droit de passer aux toilettes. Elle a eu mal au cœur de honte, de fatigue, et n'a rien entendu de l'histoire racontée par la maîtresse. Le lendemain, la mère remet un petit mot à la maîtresse pour lui demander de laisser sortir sa fille : elle explique ce qui s'est passé la veille au soir. Tout s'arrange, mais Myriam garde le souvenir de sa honte.

Il est essentiel que parents et enseignants collaborent étroitement pendant la première année de la grande école, car elle représente la mise à l'épreuve de tout ce qu'ont bâti les enfants jusqu'alors ; même la maîtrise du corps, comme le montre l'histoire de Myriam, est remise en cause. Durant cette année, l'enfant n'acquiert pas seulement ces fondements de toute connaissance que sont la lecture, l'écriture et les données de base de l'arithmétique, mais aussi l'articulation entre l'autonomie et les règles scolaires, ce qui lui permettra d'entrer sans trop de difficultés dans ce qu'on appelait naguère l'âge de raison et que l'on nomme aujourd'hui période de latence, c'est le temps où l'enfant vit pleinement et revendique son statut de « sujet ». La confiance en soi est donc tout particulièrement importante à ce moment.

Les atteintes qui viennent de l'intérieur

La peur

La peur fait redouter des dangers ou des menaces qui ont un contenu plus ou moins précis mais toujours imagé. Tous les enfants ont peur, surtout jusqu'à huit ou neuf ans, même s'ils disent le contraire. Entre eux, ils ne sont pas tendres, ils se moquent des peurs de leurs camarades et jouent à les effrayer. Pourtant, aujourd'hui, la peur est interdite plus qu'elle ne l'a jamais été. Les héros proposés aux enfants comme aux parents affrontent des monstres terrifiants, des univers bouleversés, et trouvent toujours une solution sans jamais s'effondrer ou pleurer.

Les terreurs les plus fréquentes sont celles du noir, du loup, des monstres, des fantômes, des voleurs, des méchants. Les enfants n'en parlent pas volontiers, car ils craignent la magie des mots et de la pensée : en parler ou trop y penser pourrait bien faire surgir ce qui terrifie ; de plus, ces craintes n'éclatent pas en plein jour, sauf quand l'enfant ne se sent pas en sécurité. Il existe aussi d'autres peurs, plus communes, moins fantasmatiques : les cris, les agresseurs, les gronderies, l'orage, certains animaux. Souvent, les adultes les dénient : « Tu es grand, tu n'as pas peur», ou vérifient avec l'enfant : «Tu as vu, il n'y a pas de loup.»

Vis-à-vis de tout cela, les enfants sont très ambivalents ; le jour, parfois le soir, ils aiment bien que les parents jouent avec eux, racontent des histoires effrayantes, prennent la voix du dragon ou du loup. La présence d'un adulte leur permet de mieux maîtriser la situation. Ce jeu avec ce qui effraie répond à un mécanisme de protection de la personne que Freud a décrit comme l'identification à l'agresseur. Pour ne pas être attrapé par le loup, on devient le loup.

Pendant ce temps où l'enfant est en proie à ces peurs, même s'il joue à être fort, à « ça n'existe pas», à se raconter des histoires dans lesquelles il est victorieux de tout, et protégé par des parents et des amis superpuissants, il a honte de ne pas vouloir aller se coucher, d'avoir besoin d'une petite lumière allumée. Il peut même perdre confiance dans son corps : les enfants qui font pipi au lit se sentent très malheureux de ne pas dominer ce qui se passe en eux la nuit. Beaucoup d'entre eux dorment très profondément mais craignent les moments d'endormissement pleins d'images inquiétantes, d'autres ont si peur qu'ils n'osent pas se lever. C'est souvent le cas en collectivité, ou quand l'enfant dort, comme il l'a pourtant choisi lui-même, dans le lit superposé du haut, et cela même s'il a une lampe à sa disposition.

Ce temps des monstres et des histoires appartient à l'histoire de chacun. C'est très rassurant pour tous, adultes et enfants, de se le dire, et d'en aménager la traversée. Le soir, la confiance en soi de l'enfant va être ébranlée, pendant quelques heures, elle l'abandonne, et les parents en deviennent les dépositaires et les garants. Aider l'enfant à trouver de petits rituels de protection, comme la veilleuse ou la peluche, est d'un grand réconfort, surtout si on lui raconte que tous ses camarades ont aussi besoin d'être réconfortés au moment d'entrer dans le sommeil.

Entre deux et cinq ans, les peurs des enfants s'incarnent dans les cauchemars, ils crient et réveillent toute la famille. Certains de ces cauchemars sont parfois si précis qu'ils demeureront présents toute la vie :

Nina, dix-neuf ans, consulte pour une excessive timidité et raconte : « J'avais cinq ans, je crois. J'ai rêvé que le ciel était devenu tout bizarre, au milieu du ciel, il y avait le soleil, qui tournait très vite, et autour du soleil, un autre soleil tournait aussi en disant d'une grosse voix : "Isoleil, père du soleil" ; au bruit de cette voix, la maison s'écroulait, et je ne sais plus ce qui s'est passé. Ce dont je me souviens, c'est que je ne voulais plus me coucher parce que j'avais peur de ce cauchemar. Depuis, je l'ai gardé à l'esprit. Je suis très mal à l'aise quand il y a de l'orage ; j'ai gardé la vague crainte que le ciel pourrait bien se transformer, devenir effrayant. »

D'où viennent ces peurs ? On ne sait au fond pas très bien. Freud les rattache à la perception que les enfants se font des rapports, notamment sexuels, entre les parents, de ce qu'il appelle la « scène primitive ». Nina en trouvera des échos dans sa thérapie.

D'autres parlent de peurs ancestrales, telle la peur du loup. L'histoire du petit Chaperon rouge hante les légendes européennes ; Perrault et Grimm l'ont racontée et bien d'autres encore. En France, la Bête du Gévaudan demeure bien présente, comme en témoignent le succès du film *Le pacte des loups* et les nombreuses et très sérieuses études réalisées sur le sujet.

Sans doute y a-t-il encore d'autres éléments constitutifs de ces images effrayantes, car si on demande à l'enfant de dessiner « le loup » ou « le monstre », il réalise des formes qui n'ont rien à voir avec les représentations classiques. Les jeunes enfants perçoivent très bien que le monde qui les entoure est immense, leur est en grande partie inconnu, alors qu'ils prêtent une connaissance totale à leurs parents et à leurs enseignants. Ils créent donc des images intérieures, parfois charmantes mais le plus souvent inquiétantes, avec l'idée que tout est possible, que des formes étranges et incompréhensibles peuvent surgir de partout, se cacher et venir rôder dans le noir.

Contrairement à ce que pensent beaucoup d'adultes, ces fantasmagories ne sont pas nées de la télévision, elles ont toujours existé, comme en témoignent les contes de tous les pays. La télévision donne corps à ce qui flotte et rôde en chaque être humain.

Peu à peu les enfants maîtrisent fantômes et cauchemars et ils se sentent alors très forts, très confiants : ils ont réellement vaincu les monstres, comme dans les histoires, sans épée ni armure. Ce qui ébranle la confiance en soi est nécessaire pour séparer vraiment le réel de l'imaginaire et donc trouver les cadres de sa pensée et de son action. Cela se passe très tôt, vers sept ou huit ans.

L'angoisse

Elle est encore plus mystérieuse que la peur, car elle est sans contenu. L'enfant sent « une boule dans sa gorge », ou bien se sent mal à l'aise, il est grognon sans cause, a besoin qu'on s'occupe de lui, veut la présence d'un adulte ou d'un autre enfant sans pouvoir dire pourquoi. Parfois, il évoque un danger possible, la mort, un accident, mais ne parvient pas à imaginer réellement ce qui pourrait arriver.

Cet état d'angoisse peut être quasi constant chez certains enfants qui craignent toute séparation, toute modification dans leur rythme de vie ou leur environnement.

Hadrien, six ans et demi, au milieu de son année de CP, s'est mis à ne plus vouloir aller à l'école, à pleurer le dimanche soir parce que le lendemain il faudrait retourner en classe. Il est bon élève, et ni la maîtresse, ni les parents, ni lui-même ne peuvent trouver de cause à cette angoisse perçue par tous. Hadrien ne mange plus, il dort mal. Au cours d'une thérapie, Hadrien retrouvera un peu de joie de vivre, d'appétit et de confiance, il pourra alors raconter la scène suivante à ses parents : « Un jour, un copain m'a dit : "Comment ce serait si on rentrait à la maison et si les parents ne revenaient plus jamais ?" » Il a eu alors l'idée d'un trou noir où tous seraient engloutis. Puis, il n'a plus jamais pensé à cela. « C'est le psychologue qui m'y a fait penser quand on a parlé des parents. »

Hadrien restera angoissé, comme le sont tous les êtres humains, mais il parviendra à gérer son angoisse, à maîtriser un peu l'effroi qui le saisit quand il envisage quelque chose qui pourrait se passer et qui serait terrible. Il n'est pas en proie aux images, comme le sont les enfants qui ont peur, mais à une sorte de vertige, de « trou » intérieur.

Les enfants, comme les adultes, peuvent éprouver beaucoup de difficultés à gérer leur angoisse ; comme Hadrien, ils tentent de s'en défendre par une grande dépendance, un refus de séparation, car quitter est pour eux entrer dans l'irréparable. Ils n'ont plus confiance en eux, et la plupart du temps se réfugient sous la protection de leur mère ; si celle-ci s'absente, ils se collent à leur père, ou à un frère ou une sœur plus grands, voire, à l'école, à un maître ou une maîtresse. Quand l'angoisse prend ces proportions et dévore littéralement la vie de l'enfant, il est bon qu'il puisse être aidé par une psychothérapie. Il n'existe pas de clef unique aux mécanismes de l'angoisse, mais être en mesure de s'accepter, de trouver des solutions pour mieux vivre, de mieux comprendre ce qui se passe en soi et de mieux percevoir les autres peut aider chacun, les enfants aussi, à vivre plus heureux.

On pourrait être un peu effrayé de voir à combien d'épreuves et de tempêtes est soumise la confiance en soi ; en fait, bien souvent, elles permettent d'accompagner l'enfant dans sa construction et l'aident à fonder ce qui, toute sa vie, lui permettra d'être vraiment lui-même. Le moment est venu de déterminer ce qui peut aider l'enfant à trouver ou retrouver cette nécessaire confiance en lui, donc à être en mesure d'assumer les divers événements de la vie et de s'y adapter.

4

Les chemins de la confiance en soi

Le jeune Billy Eliot, héros d'un film récent, manque totalement de confiance en lui ; à ses difficultés familiales s'ajoute le fait qu'il ne réussit en rien et il n'a pas non plus beaucoup de satisfactions avec ses amis. Un jour, il entre par hasard dans un cours de danse ; étonnamment, même s'il est le seul garçon, un peu raide et gauche au départ, il trouve en lui les ressources et la nécessaire ténacité qui feront de lui un danseur étoile. Pourtant, il devra faire face à l'opposition de tous, et surtout de ceux qu'il aime le plus. Il a découvert les chemins de la confiance en lui.

Les enfants ont fort à faire pour acquérir, garder, conforter cette confiance en soi qui leur permettra d'oser être eux-mêmes, de nouer des relations claires avec les adultes et les autres enfants, mais aussi et surtout d'être heureux. La vie psychique et la personnalité sont pleines de ressources insoupçonnées. La confiance en soi se construit au travers de crises et de difficultés ; elle peut se retrouver, voire se conforter quand elle a été attaquée.

Aujourd'hui, il semble que l'on confonde souvent confiance en soi et toute-puissance, surtout dans les modèles proposés aux plus jeunes. Dotés de plusieurs vies dans les jeux vidéo, munis de pouvoirs sans limites, comme les Pokémon, les héros n'échouent jamais et triomphent de tous, ennemis et même amis, puisqu'il leur faut être les premiers, dotés également de forces physiques et psychiques. Certains enfants, fascinés par ces images et ces thèmes, soit se sentent « nuls » et se découragent, soit collent aux stéréotypes omniprésents, se bloquant ainsi aux rêves de leurs trois ans, ceux de la toute-puissance.

Toute-puissance ou confiance en soi ?

Lysiane, la « petite fille modèle » évoquée dans le premier chapitre, se comporte en famille et avec ses camarades comme si elle était le centre du monde, elle veut être la seule, la première, et pendant longtemps ça marche. La naissance de son petit frère la perturbe profondément mais lui permet d'entrer dans les réalités de la vie quotidienne, où l'on n'est pas seul, où l'on partage, où tout ne se réalise pas magiquement. Malgré cette dérangeante vérité, elle n'est pas détruite.

Jean-Corentin est âgé de cinq ans. Son père et sa mère ont décidé qu'il resterait enfant unique et il le sait. Il est beau physiquement et très brillant. Il a appris à lire tout seul, et on lui achète tous les livres qu'il désire ; il se débrouille très bien avec un ordinateur. À table, il chipote et son peu d'appétit est inquiétant. On lui offre des petits pots de bébé, comme il le demande. Il dort peu et mal et vient envahir en pleine nuit le lit des parents. Il est même arrivé, un jour où il avait un peu de fièvre, qu'il passe la nuit dans le lit de la mère et que le père aille coucher sur le divan du salon. Dès qu'on le contrarie, il fait des colères terribles et les parents finissent par céder. À l'école maternelle, il refuse le graphisme et les sports mais se montre très doué dès qu'il est question de lecture ou d'arithmétique. Pendant les récréations, il ne joue pas, il observe les autres. Un plus grand a un jour essayé de lui prendre un paquet d'images scientifiques représentant des animaux. Jean-Corentin s'est battu comme un chat, griffant, mordant, se cramponnant aux cheveux. On se le tient pour dit. On ne l'ennuie plus, mais il reste isolé.

Enfant précoce ? On ne sait trop. Même s'il a appris avec une grande facilité à lire et à compter, même si les parents et la maîtresse d'école essaient de nourrir ses intérêts, il semble essentiellement désireux d'être au centre de toutes les préoccupations. Il fait remarquer aux adultes qu'ils se trompent et est même allé un jour trouver le directeur de l'école pour lui dire que la maîtresse avait mal écrit un mot. Quand il va dans les magasins avec sa mère, il choisit et ordonne.

Préoccupés par ses colères, ses parents ont consulté un psychologue. Il se révèle que la mère de Jean-Corentin, traumatisée par une grossesse et un accouchement difficiles, a choisi de ne plus avoir d'autre enfant, cela contre le désir de son mari et peut-être son propre désir inconscient. De ce fait, son fils unique est devenu l'enfant précieux, l'enfant merveilleux qu'on admire et qui fait peur. Au cours d'une séance, il déclare :

« Je fais tout ce que je veux, personne ne peut m'empêcher.

– Il y a des choses que personne ne peut faire, par exemple, passer à travers le mur.

– Si, je ferai un passage secret.

– Mais tu ne peux pas dire comme ça : “Qu'il y ait un passage secret, là, tout de suite.” Penser qu'on veut quelque chose ne fait pas arriver ce quelque chose ; le dire ne le fait pas arriver non plus.

– Oui, mais je peux dire qu'il y en a un et que tu ne le vois pas.

– Bien sûr, mais c'est une belle histoire, ce n'est pas pour de vrai. »

Peu à peu, Jean-Corentin va prendre conscience que, même si on peut tout penser, connaissance et action ont des limites ; il va se heurter à l'existence des autres. Un jour, en classe, c'est un copain qui donne la bonne réponse, et non pas lui ; c'est une grande première. Sur sa demande, ses parents lui offrent un chat, et le chat va se révéler un merveilleux éducateur : en effet, il refuse d'être toujours caressé, pris dans les bras, il ne mange pas non plus chaque fois que son maître lui demande de le faire. Jean-Corentin éprouve peu à peu ses limites, le poids de la réalité, et, tout compte fait, l'intérêt qu'il y a à se sentir parfois un peu dépendant et avoir des choses à apprendre et à découvrir.

Jean-Corentin a confiance en lui, dans un certain sens, il est conscient de son charme et de ses possibilités, il s'appuie sur l'amour de ses parents. En revanche, il se veut tout-puissant, mais, au fond, il sait bien qu'il ne l'est pas, et comme il n'a pas envie de renoncer à la magie de son royaume, il tente de manipuler tout le monde, ses parents en particulier. Le heurt avec les autres, y compris le chat, et le travail psychologique vont permettre à Jean-Corentin d'accepter la réalité. De leur côté, les parents oseront signifier à leur fils les règles et les interdits de toute vie humaine.

Enfants et adultes trouvent la confiance en soi, dans les autres et dans la vie en s'inscrivant dans le cadre de l'acceptation des limites et de la différence. Ce n'est pas tâche aisée, c'est pourtant absolument nécessaire pour trouver son identité et sa place dans la famille et la société.

L'acceptation des limites et de la différence

Accepter l'enfant réel

Du côté des géniteurs, comme nous l'avons évoqué précédemment, tout enfant a d'abord été rêvé, avant sa conception et pendant la grossesse. Nombre de parents continuent à le rêver jusqu'à son adolescence, âge des limites. Il est bon qu'il en soit ainsi, c'est un dynamisme certain pour tous. L'enfant imaginé est une sorte de double des parents, celui qui réalisera leurs vœux et deviendra ce qu'ils auraient voulu être. Mais dès sa naissance, l'enfant de la réalité est différent, il a sa propre frimousse, ses propres rythmes, sa propre évolution. La famille s'interroge pour trouver à qui il ressemble, et fréquemment, tant du côté maternel que du côté paternel, on revendique cette fameuse ressemblance. Pourtant, l'enfant est d'abord lui-même, par son sexe, qui n'est pas toujours celui que les parents auraient désiré, et par ses réactions. Il est l'enfant des deux, père et mère, et il est inscrit dans le temps d'aujourd'hui.

Une publicité montre que l'on peut non seulement annoncer la naissance, mais envoyer par Internet la photo du bébé aux antipodes, dans les minutes mêmes où il est né. C'était impensable lors de la naissance des parents. Qu'on le veuille ou non, d'où que l'on soit, l'enfant est d'une autre génération, et en cela même il est différent de l'enfant imaginaire, qui n'est qu'un elfe, un lutin intemporel. Dans tous les pays du monde courent des légendes d'« enfants échangés par les fées ». Ce thème a été repris dans le film de Roman Polanski, *Rosemary's baby*, où le bébé attendu se révèle un charmant petit diable.

Tout bébé est, en fait, un étranger qu'il faudra découvrir et accepter.

À sept ans, Céline est une fillette brune aux yeux noirs alors que ses parents sont plutôt châtains aux yeux gris. Elle est calme, rêveuse, et les parents, l'un et l'autre ingénieurs, avaient rêvé d'un génie en mathématiques, garçon de préférence. Elle admire les nuages, s'enthousiasme pour la poésie. Elle n'aime rien tant que son minuscule jardin de banlieue, parle aux fleurs, exulte quand elle trouve un escargot. Elle travaille bien en classe, mais a du mal avec les chiffres. Peu à peu, les parents la découvrent. « J'ai peu connu ma mère, dit le père ; elle est morte quand j'étais tout petit, mais ma grand-mère, qui m'a élevé, m'a raconté qu'elle aimait les fleurs et les oiseaux, qu'elle voulait être une princesse de conte de fées ; ton grand-père a toujours été pour elle le prince charmant. » Le grand-père est en maison de retraite et le père décide de lui amener sa petite-fille. L'aïeul, qui ne l'avait pas vue depuis longtemps, dit à son fils : « Je suis sûr qu'elle ressemblera à ta mère. » De son côté, la mère de Céline se prend à évoquer quelques souvenirs : « Chez moi, il fallait être la première, surtout en mathématiques, et j'aurais tant voulu qu'on me raconte des histoires le soir au coucher. » Céline est bien issue de chacun de ses deux parents, elle est inscrite dans la lignée, elle est « de chez eux » malgré les apparences ; cela permet aux parents de mieux comprendre leur fillette. Céline, de son côté, affirme ses désirs, ses préférences, à la maison et à l'école. Elle joue à la princesse avec ses amies, s'est fabriqué un petit carnet où elle écrit ses poèmes. Différente du double fantasmé, elle a trouvé un droit de cité dans le rêve et l'histoire des parents ; elle est qui elle est : une fillette épanouie, pleine de confiance en elle, déjà très capable d'assumer ses choix et ses intérêts.

Tout ne se passe pas toujours aussi simplement. Il existe, et nous l'avons évoqué au début de ce chapitre, une autre dimension de l'imaginaire, commune aux parents, à l'enfant, aux enseignants, à la société : l'« enfant modèle ». Jusqu'au XXe siècle, on a proposé d'éduquer l'enfant pour qu'il devienne un « enfant sage », un « adulte raisonnable en réduction » : les livres pour enfants le montrent bien. Que l'on songe à Camille et Madeleine évoquées par la comtesse de Ségur, ou à Rémi, le héros de *Sans famille*, aux *Quatre filles du docteur Marsh*, ou même aux personnages plus linéaires du « Club des cinq ». Mark Twain en son temps avait déjà critiqué les portraits du « bon » et du « mauvais » petit garçon.

Aujourd'hui, on ne demande plus tant aux parents de fabriquer un enfant modèle qu'aux enfants eux-mêmes de devenir des modèles. Le « bon élève » cher à l'école de Jules Ferry est encore très prisé à notre époque. Mieux encore, enfants et parents voudraient que l'enfant soit le « meilleur » en quelque chose, les pères et les mères, pour leur part, ont dû y renoncer depuis longtemps. Être « moyen » est une réalité avec laquelle il est difficile de composer socialement et qui brise la confiance en soi. Les livres, les films, la télévision surtout refusent la médiocrité, fabriquent éventuellement de faux héros ; pour être vu, connu, donc pour exister, tout est bon ; que l'on songe aux épreuves et au vedettariat des enfermés de « Loft story », et des émissions similaires qui passionnent les foules dans nombre de pays.

Étrange paradoxe, la différence est bien mal acceptée, elle est perçue spontanément comme un « moins », sauf si elle peut générer un vedettariat : Billy Eliot, dans le film, est d'abord rejeté de tous, y compris de sa famille, parce qu'il veut danser. Mais, plus tard, on se bouscule pour venir l'admirer et l'on est très fier de lui. Qu'on le veuille ou non, la référence aux modèles sociaux véhiculés par les livres, les médias fait partie intégrante de la confiance en soi. Il est pourtant nécessaire de ne pas réduire celle-ci à ces modèles car elle est, en fait, propre à chaque personnalité.

Saïd, jeune père algérien, se donne beaucoup de mal pour ses deux enfants Souad et Hassen ; la mère, très attentive, est quasi analphabète. Souad travaille assez bien, mais toute l'ambition du père s'est fixée sur son fils. « Quand j'ai quitté mon village pour venir travailler en France, c'est parce que je n'avais rien et pas d'espoir ; maintenant, j'ai un bon métier, je veux, mon fils, que tu réussisses tes études ou que tu sois le premier en sport. » Hassen, en CE1, a beaucoup de difficultés pour la lecture ; en sport, il est tout juste moyen car il est timide et fluet. L'atmosphère à la maison devient difficile. Dès que le père rentre du travail, il s'installe près de son petit garçon, lui fait faire et refaire ses devoirs, invente ensuite des exercices similaires mais supplémentaires ; les soirées n'en finissent plus. Malgré toute sa douceur et sa persuasion, la mère ne parvient pas à calmer son mari. La maîtresse convoque les parents, elle déclare que Hassen est fatigué et qu'il est peut-être dyslexique car, en CE1, il continue à inverser les syllabes. Le père, blessé mais aimant, accompagne l'enfant chez l'orthophoniste, qui comprend bien la situation : les séances pourront se passer en présence du père, à une heure qui convient. Et, petit à petit, la situation s'améliore, le père comprend que son fils est épuisé parce qu'il travaille trop ; Hassen, réconforté parce qu'il prend en charge ses inversions et ses confusions souvent liées à sa crainte de l'erreur, fait de grands progrès à l'école, et même en sport parce que l'orthophoniste lui apprend à respirer. Surtout, le père découvre les qualités de son enfant : il est travailleur, autonome, de bonne volonté, toutes choses qui ne se remarquaient pas sous son inhibition et sa fatigue. En fin d'année scolaire, les notes sont meilleures et le passage en CE2 accepté. Le père déclare : « Je suis fier de toi, mon fils ; quand nous irons en Algérie, l'an prochain, j'aurai la tête haute en te présentant à mon père et à mes frères. » Hassen va trouver alors une assurance qu'il n'avait jamais eue, il ne se laisse plus maltraiter par les plus grands au centre aéré, il ose dire à son père : « Papa, c'est les vacances, je voudrais jouer et ne pas travailler », et le père accepte.

Hassen ne sera sans doute jamais le premier dans une grande compétition, mais il est devenu un enfant heureux dans une famille détendue.

Quand enfant et famille ont accepté la réalité des uns et des autres, la référence aux lignées parentales est la plupart du temps énoncée, comme pour Hassen et Céline. L'enfant est reconnu, inscrit dans la famille. Il n'est plus un étranger, un « enfant des fées ».

Parfois, pour une raison ou pour une autre, il se produit un court-circuit dans les générations : il arrive que des grands-parents se comportent comme s'ils étaient les parents de leurs petits-enfants. Mais fréquemment l'enfant lui-même, devenu confiant, précise les rôles de chacun. Ce n'est pas toujours aisé à supporter pour les adultes, mais c'est structurant et en définitive un soulagement pour tous.

Constance a été élevée presque exclusivement par sa grand-mère ; car sa mère travaille et son père a quitté la maison plusieurs mois avant sa naissance. Elle vient d'entrer en CP. Un soir, elle déclare solennellement : « Maintenant, c'est moi qui décide comment m'habiller ; j'en ai assez : quand maman choisit ce que je dois mettre, mamie trouve que ce n'est pas assez ou trop chaud. Maman doit savoir parce que c'est maman, mais elle est trop occupée ; mamie veut faire mieux que maman et je n'aime pas ça. Une mamie, c'est une mamie qui raconte des histoires et qui console. »

La mère et la grand-mère sont interloquées : Constance a senti ce qu'elles voulaient à tout prix cacher. La grand-mère n'a pas accepté les conditions de la naissance de sa petite-fille, de ce fait, elle se comporte comme si sa fille n'était pas en mesure d'assumer vraiment ses responsabilités et elle la critique discrètement. Constance perçoit intuitivement le malaise larvé qui règne à la maison. Son intervention va déclencher une explication orageuse mais la situation va se clarifier, et la prise d'autonomie de la fillette s'avère bénéfique non seulement chez elle, où elle se met à participer activement à la vie du foyer, mais aussi à l'école où elle prend en charge ses apprentissages.

Valoriser l'enfant dans ce qu'il est

Dans un temps où les modèles proposés sont uniformisés, calibrés, où la seule différence autorisée est d'« être le meilleur », il arrive que des enfants soient perçus comme vraiment différents : ceux qui sont plus petits ou plus gros que les autres, ceux qui ont un handicap physique visible, si léger soit-il, et même ceux qui ne portent pas de vêtements de marque (tous y sont sensibles, y compris les plus petits). Dans les grandes villes, les enfants noirs, asiatiques ou venant d'un autre pays, sont en général assez bien acceptés ; il n'en est pas de même dans les régions rurales. Ceux qui sont en retard ou en avance dans leur scolarité, ceux qui ont un comportement qui étonne sont aussi quelque peu mis à l'index.

À six ans, Corinne est une petite fille toute ronde, elle porte des lunettes et s'essouffle vite. Un soir, sa mère la trouve en larmes, les vêtements poussiéreux. Corinne déclare : « Je ne veux plus aller à l'école », mais elle ne veut rien dire. Le soir, quand elle va prendre sa douche, Corinne revient en hurlant dans la salle de séjour : « Ils m'ont fait des bleus, les méchants. » Elle explique alors que, durant la récréation, les CE1 ont joué avec les CP et ont dit à Corinne : « On va jouer à papa-maman, toi, tu serais le coussin » ; ils l'ont forcée à se coucher par terre et se sont assis à plusieurs sur elle, très violemment, en donnant de petits coups de pied. Aucun des adultes de surveillance n'a vu le jeu. Les parents consolent leur fille, décident d'aller se plaindre à l'école et de la changer d'école. Par la suite, pourtant, pendant des mois, Corinne pleure « parce qu'elle est trop grosse ». Malgré les soins d'une psychothérapeute et d'une diététicienne, elle va rester ronde mais, dans sa nouvelle école, elle a trouvé des amies, en particulier une petite fille un peu boulotte, comme elle. Peu à peu, la fillette se passionne pour l'école mais aussi pour les vêtements, elle dessine très bien pour son âge, de très jolis personnages, et affirme : « Plus tard, je ferai des robes de princesse pour les filles un peu grosses, comme moi. »

Les parents, qui ont la même morphologie que leur fille, l'ont soutenue et aidée ; elle accepte très bien son image maintenant, est devenue bonne élève et sociable. Plus personne n'a jamais joué « au coussin » avec elle.

Carl, évoqué au premier chapitre, souffre aussi énormément d'être roux et affligé de nombreux sobriquets ; pourtant, un des surnoms donné à Carl, « Dracofeu », du nom d'un Pokémon « de feu », va lui faire plaisir et le valoriser, juste au moment où il se sent entendu par ses parents et où on lui offre son chien, roux comme lui.

Il est nécessaire d'être très attentif aux accusations de « différence », même minimes, qui atteignent les enfants. Elles entraînent des maltraitances par les autres, parfois graves. Dans certains cas, la honte les empêche de parler. Favoriser l'expression et la parole en famille est donc capital. En effet, si on écoute les enfants, s'ils se sentent profondément acceptés tels qu'ils sont, en premier lieu par leurs parents mais aussi par les enseignants et les adultes qui s'occupent d'eux, ils retrouveront force et courage et pourront se réconcilier avec eux-mêmes : Corinne et Carl en sont l'exemple. Étonnamment, ceux qui ont confiance en eux-mêmes rayonnent et ont une réelle beauté, même s'ils portent une quelconque disgrâce physique.

Un conte d'Andersen (qui fut un homme très laid), *Le vilain petit canard*, raconte l'histoire d'un caneton trop gros, maladroit, très différent des autres et, par cela même, rejeté de tous. Il s'enfuit et souffre, jusqu'au jour où la lumière du printemps et la transparence du lac, ainsi que l'accueil de ses semblables, lui révèlent qu'il est un cygne magnifique.

Dans un livre récent, *Les vilains petits canards*, Boris Cyrulnik [1] montre comment un enfant rejeté, en grande difficulté, peut, comme dans le conte, devenir une personne merveilleuse. Être convaincu de la valeur de ses propres ressources est nécessaire pour cela, mais il lui faudra surtout rencontrer ceux qui le soutiendront et justifieront sa quête d'identité et de vérité sur lui-même.

Confiance en soi, confiance en l'autre

Pour se trouver, pour s'aimer tel qu'il est, l'enfant a absolument besoin des autres, il lui faut compter sur eux, être sûr d'eux. Il demande leur amour, mais l'amour ne suffit pas, même s'il est efficace et libérateur. Le très jeune enfant

1. B. Cyrulnik, *Les vilains petits canards*, Paris, Éd. Odile Jacob, 2001.

perçoit ses parents comme tout-puissants, mais leur force ne suffit pas non plus. En revanche, leur cohérence à son égard lui est absolument nécessaire. Dès les premières années de la vie, la cohérence se perçoit dans la façon dont ses parents s'occupent de l'enfant, avec des rythmes qu'il repère très vite, des gestes, des mots qu'il retrouve, apprécie et même, dans certains cas, redoute : « faire la grosse voix » est parfois quelque peu nécessaire. Il sait très bien ce qui peut déclencher cette « grosse voix » qui fait peur mais protège. Il est aussi très sensible aux tricheries des parents.

La maman de Lucie avait coutume de quitter la maison pour aller au travail sans le dire à sa petite fille âgée de six mois, elle attendait qu'elle soit endormie pour partir. Au réveil, Lucie ne voyait que sa grand-mère. Lucie est devenue rapidement très agitée, avec de gros troubles du sommeil épuisants pour la mère et l'enfant. Il a été bien difficile de faire comprendre à la maman (Lucie est de famille monoparentale) que son bébé se sentait abandonné par elle et ne voulait plus dormir pour ne pas la perdre.

Quand l'enfant grandit, on lui parle davantage, d'autant qu'il en vient très vite à demander des explications. Mais là encore, il arrive que les parents pensent qu'il est bon de « ne rien dire à l'enfant » ou bien croient qu'« il ne comprendra pas ». C'est oublier que les enfants entendent parfaitement ce qui est dit autour d'eux, même si on ne s'adresse pas à eux, ils sont aussi très conscients qu'on leur cache quelque chose.

Sandra est âgée de six ans, Félix, son petit frère, a quatre ans ; leur maman vient de découvrir qu'elle a un cancer du sein et doit être opérée, puis subir un traitement de chimiothérapie qui la rendra très malade pendant plusieurs mois. Les parents décident d'attendre la veille de l'intervention chirurgicale pour annoncer aux enfants la maladie de leur mère et la venue de la grand-mère qui s'occupera d'eux à la maison. Mais pendant les trois semaines qui précèdent l'opération, Sandra et Félix pleurent chaque jour. Ils sont grognons, suivent leur mère partout dans la maison. Un soir, le père se fâche. Sandra hurle : « Je ne veux pas que maman meure, pourquoi on ne me dit rien, je veux l'empêcher de mourir. » Bouleversés, le père et la mère révèlent aux enfants ce qui se passe, ils les rassurent : pour eux tout est organisé et les médecins savent très bien soigner la maladie de leur maman. Le jour de son départ, Sandra et Félix lui apportent de petits cadeaux préparés avec leur père : des photos de tous dans un petit cadre brillant, des dessins, un joli coquillage. Après l'opération, ils vont en visite à l'hôpital. Au retour des chimiothérapies qui la fatiguent beaucoup, ils sont très calmes, acceptent de ne pas déranger leur mère quand elle se repose. Maintenant, elle a recouvré la santé et les enfants sont restés sereins, joueurs, n'ont eu aucune chute scolaire durant sa maladie, ce qui ne signifie pas qu'ils n'ont pas souffert.

L'incohérence des adultes

Des événements moins graves peuvent aussi altérer profondément la confiance des enfants dans les parents. Par exemple, les promesses régulièrement non tenues : « Si tu as une bonne note, je t'emmènerai au zoo. » Les parents oublient, pour la sixième fois au moins, mais pas les enfants, et ceux-ci n'auront peut-être plus de bonnes notes. Dans le même registre, mais à l'inverse, les menaces, parfois terribles et heureusement non réalisées, qui n'impressionnent plus alors qu'elles ont terrifié l'enfant au départ : « Si je t'entends à nouveau dire des gros mots, je te coupe la langue. »

Les enfants savent parfaitement distinguer le jeu, comme le Père Noël ou la petite souris des dents de lait, de la non-fiabilité parentale dans le quotidien. Ils comprennent et acceptent très bien les motifs et les excuses pour un oubli de promesse. Mais des parents trop légers avec la parole donnée aux enfants mettent ceux-ci en grande difficulté par rapport à ce qui codifie les relations dans la famille ; en effet, les enfants perdent confiance aussi bien dans les adultes qu'en eux-mêmes : ils croient ne pas comprendre ce qu'on a voulu leur signifier.

Certains modes de punition font vaciller l'enfant en ce qui concerne la confiance dans ses parents et dans la permanence des choses. Erwan, sept ans, est un petit garçon turbulent, brutal parfois, joueur mais déterminé. À l'école, il travaille de façon très irrégulière. Le jour de son anniversaire, ses parents lui offrent le « game boy » de ses rêves avec plusieurs cassettes de jeux. Il est ravi. Quatre jours après, il dit tristement : « Le game boy, je ne l'ai plus et je ne sais pas si je le reverrai, papa me l'a confisqué. » Le père déclare : « Lorsque mon fils a de mauvaises notes, je lui confisque un jouet et, en l'occurrence, le game boy ; il faudra qu'il travaille, je ne sais pas quand il le reverra. » Erwan devient de plus en plus agité et agressif, il gémit : « Le game-boy, papa me l'avait donné, il me l'a volé maintenant puisqu'il était à moi. »

La confiscation est souvent vécue comme un abus de pouvoir de la part des grandes personnes, d'autant qu'en général on prend l'objet pour un temps indéterminé et qu'on oublie parfois de le rendre. Dans le même temps, on apprend aux enfants que « donner, c'est donner » et on leur enseigne le respect des biens d'autrui...

L'enfant cherche justice vis-à-vis de lui-même, des parents, des copains. Bien évidemment, il est capable de tricher, de changer les règles du jeu, il sait parfaitement inventer des histoires pour se défendre, se mettre en valeur, ou protéger ceux qu'il aime. Il est plutôt rassuré quand on dénonce ses propres injustices, mais il est déstabilisé, angoissé, furieux aussi quand il perçoit qu'on n'est pas juste. L'incohérence des parents ou des adultes qui travaillent auprès des enfants est très mal tolérée parce que les enfants ne savent littéralement plus à quel saint se vouer : « La maîtresse ne veut pas qu'on crie et elle crie tout le temps », « Papa et maman ne veulent pas que je laisse mes jouets sur le divan et me grondent ; quand j'ai tout rangé, ils y mettent plein de choses à eux, des livres, des journaux », « Pourquoi, eux, ils ont le droit ? ». Bien évidemment, la réponse « parce qu'on est des grandes personnes » ne colle pas. Le meilleur moyen pour les parents de s'en tirer est de rire de leur inconséquence et d'en parler s'ils veulent que les enfants acceptent et respectent les lois de la maison.

Aider l'enfant à trouver sa propre cohérence

Cette confiance nécessaire de l'enfant dans l'adulte est essentielle, elle lui permet de s'étayer sur ceux qui ont autorité sur lui pour trouver sa propre consistance, sa propre cohérence. Il ne peut le faire seul, il a absolument besoin de ces mouvements d'aller et retour – confiance en soi, confiance en l'autre – pour que son monde relationnel devienne plus simple, moins angoissant, compréhensible. Les regrettables et récentes affaires de pédophilie ont révélé combien il était dramatique pour des enfants de voir ainsi gravement trahie la confiance qu'ils avaient placée en l'adulte responsable du crime. Les victimes ont toutes, par la suite, de grandes difficultés à vivre ; pour elles, le monde s'est un jour écroulé et les a à jamais blessées.

Mais quand des enfants ont pu grandir dans un cadre cohérent, même si l'environnement est très difficile, ils se révèlent pleins de confiance en eux. Kastriot, petit garçon Kosovar de sept ans, est arrivé au camp de réfugiés accompagné de personnes de son village, après un long périple dans la montagne ; il est pâle, fiévreux, fatigué. On parle avec lui de l'absence de ses parents et on lui annonce qu'on va faire des recherches pour les retrouver. Mais Kastriot est plus calme que l'équipe psy : « Mon père est à l'UÇK, c'est son devoir ; ma mère, elle, va savoir me retrouver, elle est partie dans un camion avec ma petite sœur qui est un bébé, moi, je suis grand, je pouvais marcher. Elle m'a confié aux gens du village, c'est sûr, elle saura me trouver ; en attendant, les gens vont prendre soin de moi. » Pendant une semaine, il demeure avec la famille qui l'a accompagné, il leur rend de grands services, va chercher l'eau, prend la file d'attente pour les distributions de nourriture. La semaine suivante, il recommence à aller à l'école du village avec les autres enfants et, tout tranquille et joyeux, nous annonce un jour : « Ça y est, ma mère est arrivée avec Albana, ma petite sœur, venez les voir. » Malgré la guerre et les séparations, il a été sûr de la cohérence des grandes personnes et cela dans une situation parfaitement incompréhensible et perturbée, celle d'un exode dans des conditions très difficiles. Aujourd'hui, Kastriot a neuf ans, il a retrouvé son père, actuellement chômeur mais occupé à de nombreux petits boulots pour faire vivre sa famille ; Albana a grandi et un petit frère, Arditi, occupe maintenant le berceau de bois. Kastriot est bon élève mais encore meilleur footballeur, ce qui ne l'empêche pas d'aider ses parents ou d'aller vendre des cigarettes dans les bars pour rapporter un peu d'argent à la maison. Kastriot est un enfant résilient.

Dans son livre, *Un merveilleux malheur*, Boris Cyrulnik décrit ainsi la résilience : « Quand le mot résilience est né en physique, il désignait l'aptitude d'un corps à résister à un choc. Mais il attribuait trop d'importance à la substance. Quand il est passé dans les sciences sociales, il a signifié la capacité à réussir, à vivre et à se développer positivement d'une manière socialement acceptable, en dépit du stress ou d'une adversité qui comportent normalement le risque grave d'une issue négative[2]. »

La confiance en soi, comme la résilience, s'acquiert et se dessine peu à peu dans l'histoire d'une personne. Cette histoire ne s'arrête jamais à l'aujourd'hui, même pour des personnes très

2. B. Cyrulnik, *Un merveilleux malheur*, Paris, Éd. Odile Jacob, 1999, p. 10.

malades ou en grand danger. On ne peut pas vivre, pas même penser, sans un avenir. Ainsi, tout être humain, mais surtout l'enfant dès son entrée dans le langage, a fondamentalement besoin d'avoir confiance dans la vie.

Confiance dans la vie

À partir de trois ou quatre ans, les enfants se posent des problèmes métaphysiques : ils ont conscience d'être au monde et se demandent ce que cela signifie. Ils disent souvent « quand je serai grand », rêvant d'être très forts, capables de défendre et de sauver le monde en anéantissant les méchants, ou bien d'être des infirmières, des maîtresses d'école merveilleuses. Les filles parlent des bébés qu'elles auront et rêvent de princes charmants, alors que les garçons de leur âge s'intéressent en fait peu à elles. Eux, cherchent plutôt une bonne bagarre ou un bon match qui les formeront pour leurs conquêtes futures.

Il est essentiel que les enfants fassent ces projets, qui font parfois sourire les adultes, car ils montrent combien ils prennent conscience de leur personnalité et de leur devenir.

Classiquement, depuis Freud, on insiste sur la crise œdipienne qui se manifeste entre trois et sept ans, lorsque les enfants espèrent inconsciemment épouser le parent du sexe opposé et évincer l'autre. Mais, peut-être du fait de la vulgarisation de la psychanalyse et de l'évolution rapide du monde, il semble que les choses soient encore plus compliquées maintenant. En effet, nombre d'enfants dépassent aujourd'hui leurs parents dans certaines connaissances, c'est vrai parmi les populations immigrées, mais c'est vrai aussi dans beaucoup de familles, que ce soit pour les techniques informatiques, les voyages ou même les langues. Le « comme » ou « avec » papa ou maman ne suffit plus ; désormais, les échanges entre parents et enfants sont plus complexes, plus riches, l'enfant étant parfois, malgré sa fragilité et sa dépendance, celui qui va redonner confiance dans la vie aux parents et leur faire retrouver des projets abandonnés.

Ce bouleversement des rôles peut être très angoissant pour l'enfant, mais il peut être aussi très favorable si les parents savent accepter les conséquences de la différence des générations tout en gardant leur rôle protecteur et structurant.

Diego a sept ans, il vit seul avec sa maman, une jeune femme espagnole, mère célibataire de faible niveau scolaire. Le soir, la mère gémit : « Je ne peux pas t'aider pour tes devoirs, comment vas-tu faire ? » Mais Diego travaille bien et il perçoit la souffrance de sa mère. Un jour, il arrive radieux, brandissant un prospectus : « Maman, j'ai demandé à la maîtresse, ça existe des écoles pour grandes personnes, tu vas pouvoir apprendre à m'aider à faire mes devoirs. » La mère écoute son fils et décide de suivre des cours un soir par semaine. Désormais mère et fils travaillent chacun de leur côté, l'un et l'autre réussissent. Pourtant, quand Diego veut commander à la maison, la mère le rappelle à l'ordre : « À la maison, je suis le chef. On peut discuter, mais c'est moi qui commande, sauf si j'ai tort. » Maintenant, la mère de Diego, qui s'était résignée à faire du ménage toute la semaine, a décidé de tenter un jour un examen ; elle pense aussi que, peut-être dans quelque temps, elle se mariera ou trouvera un ami, toutes choses auxquelles elle avait renoncé. Les rôles parentaux ne sont pas inversés ; si Diego a permis à sa mère d'oser s'épanouir, c'est parce que la mère signifie son autorité tout en respectant et reconnaissant les compétences de son fils.

Conclusion

L'enfant de sept ou huit ans n'a pas fini de se construire ; en fait, la construction de la personne n'est jamais terminée, à aucun âge de l'existence humaine. La confiance en soi va continuer à s'élaborer et à être éprouvée toute la vie au gré des événements et des rencontres, des réussites et des échecs. Pourtant, même si rien n'est joué, les fondations en sont bâties dans les premières années de la vie. Sans trop le savoir, l'adulte puise dans ses ressources d'enfant pour trouver ou retrouver des forces. La façon dont il a pu, au départ, élaborer les séparations, les deuils, les épreuves, surtout s'il a travaillé ces expériences, lui permet d'affronter ensuite les difficultés et d'y trouver remède. Quand une grande personne est plongée à nouveau dans une situation infantile, le parcours du combattant pour entrer dans une entreprise par exemple, elle est invitée à retrouver ses toutes premières expériences de confiance en elle, la façon dont elle s'est affirmée, mise en valeur, ses désirs et ses rêves, les projets élaborés, tout cela a été son travail d'enfant, demeuré vivant et grandi avec elle. Aujourd'hui, elle peut et sait utiliser ce qu'elle a fondé alors.

La confiance en soi mobilise toutes les ressources de la personnalité, elle n'est jamais parfaite et son imperfection rend possible le fait d'éprouver le poids mais aussi l'élasticité des limites, d'évaluer les situations, d'apprécier et de faire fructifier les rencontres. Sans cesse renouvelée, tenant compte de l'expérience acquise mais aussi de la nécessité d'un avenir à réaliser, elle ouvre le champ des possibles : trouver en soi et mobiliser pour soi et pour autrui les ressources du bonheur.

Table des matières

Impression réalisée sur CAMERON par

BRODARD & TAUPIN

GROUPE CPI

La Flèche
en octobre 2001

Imprimé en France
Dépôt légal : octobre 2001
N° d'Éditeur : 2288 – N° d'impression : 9434